Lisa Vieth

Das Kind & Kegel Elternkochbuch

Schnell, billig, gesund und lecker

Die Deutsche Bibliothek – CIP-Einheitsaufnahme

Das Kind-&-Kegel-Elternkochbuch : schnell, billig, gesund und lecker! / Lisa Vieth. [Fotos innen: Franz Bergmann]. –
Köln : vgs, 1998
ISBN 3-8025-1371-1

Umschlaggestaltung: Tom Westphal, Essen
Umschlagfoto: Tony Stone Bilderwelten, München
Fotos innen: Franz Bergmann, Köln
Grafiken: Isabell Große-Holtforth, Bremen
Layout: Christina Sattmann, Köln
Redaktion: Martina Weihe-Reckewitz
Satz: TypoForum Gröger, Singhofen
Produktion: Ilse Rader
Druck: Freiburger Graphische Betriebe, Freiburg
Printed in Germany
ISBN 3-8025-1371-1

Besuchen Sie unsere Homepage im WWW: http://www.vgs.de

Inhalt

Dankeschön

an die vielen Zuschauer/innen des Fernsehmagazins KIND & KEGEL,
die uns ihre Erfolgsrezepte verraten haben,
an Dr. Gerta van Oost, Dr. Andrea Icks und Sigrid Brings für
die ernährungswissenschaftliche Beratung und die anregenden
Gespräche und
an Lena, Friederike, den kleinen und den großen Lukas, die sich
stundenlang für Nudeln begeistern konnten.

Vorwort

Grob gesagt gibt es zwei Arten von Kochen: Erstens das Kochen für Erwachsene – zumeist keine tägliche Angelegenheit, deswegen oft mit Lust und Aufwand betrieben, schön arrangiert und vor allem mit viel Dank honoriert. Entsprechend aufwendig und hochglänzend sehen daher auch die Kochbücher aus, die auf den erwachsenen Gaumen ausgerichtet sind. Und es gibt zweitens das Kochen für Kinder, tägliche Pflicht und Fron, oft aufwendig, denn es soll ja gesund sein – und dann: nichts als Gemeckere, Essensverweigerung, Undank. Wer da nicht aufgibt und irgendwann entnervt Nudeln, Pizza und Pommes zum kindgerechten Standardgericht erklärt, der muß eine hohe erzieherische Motivation haben nach dem Motto: »Die gesunde Ernährung meiner Kinder ist mir viel Streß und Zeitaufwand wert.«

Wir in der Redaktion Kind & Kegel meinten: Es muß auch anders gehen. Wir sind alle selber kochende Mütter und Väter und finden es nicht zuviel verlangt, daß auch Kochen für Kinder Spaß machen und vor allem Erfolgserlebnisse bescheren soll, nämlich dankbare, satte Kinder. Wir sind außerdem alle arbeitende Eltern und haben deswegen wenig Zeit – und je mehr Kinder, desto weniger Geld in der Haushaltskasse. Und wir sind natürlich alle engagierte, um das leibliche und seelische Wohl unserer Kinder besorgte Eltern und wollen es deswegen gesund haben. Doch was ist gesund beim Essen?

Täglich werden wir mit neuen Theorien und Hiobsbotschaften bombardiert, immer mehr Kinder gelten als fehlernährt. Die allge-

8

meine Verunsicherung in Fragen der Kinderernährung bescherte uns in der Redaktion viele Telefonanrufe und Anfragen, wenn wir uns dem Thema in der Sendung gewidmet hatten. Also sagten wir uns, ein Kochbuch muß her, das all diese Fragen in Angriff nimmt: Schnell, billig, gesund und lecker waren die vier entscheidenden Stichworte, und was lag näher, als unsere Zuschauerinnen und Zuschauer nach ihren Erfolgsrezepten zu fragen? Wir starteten also einen Aufruf in unserer Sendung und bekamen prompt Hunderte von Rezepten zugeschickt. Und wir haben über die Ideen nur gestaunt! Was man z. B. mit einem schlichten Kartoffelpüree alles anstellen kann! Und wie einfach die heißgeliebten Nudeln mit pürierten Gemüsesoßen aufgepeppt werden können und dabei – ohne daß es die lieben Kleinen merken – auch noch gesund sind!

Nicht alle Rezepte konnten in das Buch aufgenommen werden, wir bitten deswegen diejenigen, die uns »umsonst« ihr Rezept geschickt haben, um Nachsicht. Wir hoffen, daß in der Auswahl, die unsere Autorin Lisa Vieth getroffen hat, für alle Geschmäcker, Geld-beutel und Kochkünste etwas dabei ist. Ihre Tips zu Vorratshaltung und Resteverwertung, zu rationellem Kochen und Improvisieren – und vor allem das pragmatische Herangehen an die Frage »Gesund oder nicht?« – sollen praktische Alltagshilfe geben bei dem leidigen Problem: Was soll ich heute bloß kochen?

Irmela Hannover ▪ Redaktion Kind & Kegel ▪ wdr Fernsehen

Einführung

Fast Food und Süßigkeiten – das familiäre Konfliktfeld schlechthin

»Einmal rot-weiß, aber bitte mit Schaschlik-Soße. Die warmen Pappschüsselchen in der Hand, hingen wir dann vor der Bude herum und markierten die großen Männer. Coole Sprüche, abenteuerliche Geschichten vom letzten Wochenende zu Hause und genußvoll Pommes für Pommes in den Mund schieben. Das war das Superfeeling.«
Jugenderinnerung von BAP-Sänger und Maler Wolfgang Niedecken (Wolfgang Niedecken: Auskunft, Köln 1990)

Der Fettgeruch, die Freunde, die matschigen Fritten, eine lässige Körperhaltung, Sprüche klopfen – alles zusammen ergibt den vollkommenen Genuß. Aber sind die kulinarischen Genüsse dieser Art auch gesund?

Es ist hinlänglich bekannt: Nein! Und damit haben wir bereits die Zutaten für den klassischen Familienkonflikt, denn Eltern möchten ihre Kinder gesund ernähren. Die Sache hat nur einen Haken: Mit dem Gesundheitsargument ist bei Kindern und Jugendlichen nichts auszurichten. Fast Food und Süßigkeiten sind die Themen mit dem höchsten Reizfaktor, die den Familienfrieden auf harte Proben stellen können. Ist aber der Verdacht nicht ganz unbegründet, daß wir Eltern manchmal so heftig dagegen reagieren, weil wir um unsere eigene Verführbarkeit und unsere Schlemmer-Sünden nur allzu gut wissen? Essen ist »Treibstoffnachschub« für den Körper. Doch Essen hat auch etwas mit Kommunikation und Fürsorge zu tun, es ist

Gemeinschaftserlebnis und Ausdruck von Lebensstilen. Und ob wir es nun wollen oder nicht: Es geht dabei nicht immer ganz vernünftig zu.

Die meisten Erwachsenen und Kinder wissen es: Pommes-Buden und Fast-Food-Restaurants sind nicht der Inbegriff gesunder Ernährung, sondern Abfüllstationen für raffiniert erdachte Aromencocktails, Geschmacksverführer und -vernichter. Na klar! Trotzdem: Die Kleineren lieben die zwanglose Atmosphäre, sie können mit Fingern essen und auch mal kleckern, ohne peinliches Aufsehen zu erregen. Jugendliche schätzen die Junk-Food-Tempel auch als offene Treffpunkte vor oder im Anschluß gemeinsamer Unternehmungen ohne Erwachsene. Dies soll keine Ehrenrettung für Fast- und Junk-Food sein. Die Argumente dagegen sind bekannt und unwiderlegbar. Als Eltern sollten wir uns allerdings einen realistischen Blick bewahren und einen praktikablen Umgang mit den daraus erwachsenden Konflikten am Familientisch suchen. Man kann nicht so tun, als gäbe es keine Süßigkeiten, Chips und Milchschnitten. Pommes, Big Mac und Co als sündige Ernährungskatastrophen zu verteufeln und mit Gewalt zu verbieten, macht sie nur noch begehrenswerter und erhöht den alltäglichen Familienstreß. Darüber herrscht mittlerweile in nahezu allen Ernährungsratgebern Einigkeit. Gegen diese Genüsse anzukochen, ist in der Regel ein fruchtloses Unterfangen und stellt für die meisten Eltern keine Lösung dar.

Die Devise sollte vielmehr lauten: flexible Kompromisse schließen, gemeinsame Absprachen treffen und Regeln ausmachen, die dem Kind seinem Alter entsprechend überschaubare Ziele vorgeben. Ein Kompromißangebot könnte zum Beispiel sein: jedes zweite Wochenende auf zur Hamburger-Party – mit der ganzen Familie – oder im Wechsel auch mal zum Pizza-Grill. Spendieren Sie hin und wieder eine Packung Smacks, dann hat vielleicht das kernige Obstmüsli auch wieder eine Chance. Ein kleiner Süßschnabel lernt leichter zu dosieren, wenn er eine »Nasch-Ration« hat, die er selbst einteilen kann. Beim nächsten Einkauf ist ein konsequentes »Nein« mit dem Hinweis auf die Schnuckel-Ration für das Kind nachvollziehbarer als die Kariesdrohung.

Dabei kann es ruhig auch mal zu kleinen Regelverstößen kommen. Seien Sie großzügig, kleine Abweichungen von getroffenen Absprachen müssen nicht jedesmal zum Thema gemacht werden. Von Zeit zu Zeit sollte auch neu verhandelt werden. Das Gesundheitsargument jedenfalls zieht bei Kindern nicht. Es entspricht auch nicht ihrem Erfahrungshorizont. Für eine Vierjährige ist doch sonnenklar: Gestern gab's Hanuta, und früh am Morgen beim Zähneputzen war nicht die Spur von Karies zu erkennen. Und außerdem werden in der Werbung immerzu Schokoriegel gegessen, und die Leute im Fernsehen haben auch keine Karies und sind ganz dünn! Wenn der 14jährige seinen Big Mac verdrückt, denkt er nicht an die Arteriosklerose mit 65! Uns Eltern bleibt also in erster Linie nur, für eine gute Basisernährung zu sorgen, dann können Kinder Fast Food und Schokoriegel in Maßen durchaus vertragen.

Streitbare Eßverweigerer, Tischrüpel – Kampfplatz Familientisch

Kaum ist das Kind der Mutterbrust entwachsen, fangen die Probleme an. Die ständige Quengelei nach Süßem, der nervenaufreibende Kampf ums Gemüse, das aufreizende Herumstochern im Teller, die Sorgen um Spatzenesser und um Vielesser. Bei all dem sollten wir immer berücksichtigen, daß Kinder anders essen als Erwachsene. Sie essen spontaner, reagieren unmittelbarer auf Freude und Ärger. Mal essen sie wenig, mal verschlingen sie riesige Portionen. Die einen essen schnell, die anderen nervenaufreibend langsam und wieder andere können morgens nichts frühstücken,

11

weil sie schwer aus dem Bett kommen und in der zwangsläufig folgenden Hektik dann nichts herunterbekommen. So schwer es manchmal fällt: Sie sollten versuchen, das Essen so wenig wie möglich zum Thema zu machen, das Kind weder zum Essen drängen oder gar zwingen und auch nicht jeden Löffel, den es vielleicht zuviel genommen hat, kommentieren. Nur so kann es lernen, seinem eigenen Hunger-Sättigungsgefühl zu vertrauen.

Bei Tisch gibt es für Kinder zunächst eine Menge zu lernen, sie müssen sich an vieles neu gewöhnen: an die neuen Gerichte, die auf einmal nicht mehr alle süß sind, ans Stillsitzen oder an die Handhabung von Messer, Gabel und Löffel. Dazu müssen wir ihnen die nötige Zeit lassen. Die Kinder sollten sich auch in Ruhe durch ihre Nudel- und Kartoffelphasen durchlöffeln können. Irgendwann wird es auch dem hartnäckigsten Gemüseverweigerer zu eintönig, und er wird nach Abwechslung verlangen. Lassen Sie das Kind mitbestimmen, aber diskutieren Sie nicht täglich mit einem Zweijährigen den Speiseplan. Wenn Sie ihn allein mit der Aussicht auf einen leckeren Nachtisch zum Gemüseessen verlocken oder den Schokoladenpudding beim kleinsten »Nein, mag nicht!« sofort servieren, werden Sie sich ein Dauerproblem einhandeln. Probieren Sie statt dessen verschiedene Gerichte aus. Irgendwann wird das Kind in Ihrem kulinarischen Angebot fündig. Und je älter es wird, desto breiter wird die Geschmackspalette. Nehmen Sie Verweigerungen nicht als kränkende Mißachtung Ihrer Mühen. Das Kind übt Selbstbehauptung, sucht aber auch seine Grenzen und möchte erfahren, daß da jemand ist, der das Richtige zu tun weiß. Mit dem Satz »Mami ist ganz traurig, wenn du nicht aufißt« erzeugen Sie allenfalls Schuldgefühle. Das Kind ißt dann nicht, weil es Hunger hat, sondern weil es glaubt, sich anpassen zu müssen. Und es entdeckt gleichzeitig die Schwachstelle der Mutter, mit der man sie prima unter Druck setzen kann.

Am Familientisch wachsen Kinder in eine Gemeinschaft hinein. Zwei Generationen treffen hier aufeinander, meistens auch noch die

Geschwister. Hier werden Regeln des Zusammenlebens, Rücksicht-
nahme, Höflichkeit und Tischmanieren gelernt – wobei die Toleranz-
schwellen von Familie zu Familie gewiß unterschiedlich hoch liegen.
Doch es sollte Schwellen geben, Sie sollten sie in jedem Fall festlegen.

Wenn sich die Familie einmal am Tag zum gemeinsamen Essen
trifft, muß viel mitgeteilt werden. Da herrscht der Kampf ums Wort,
bei dem auch die Kleinsten nicht übergangen werden wollen.
Geschwister fechten untereinander angestaute Eifersüchteleien,
Konkurrenzstreitigkeiten und längst fällige Rangkämpfe aus. Unterm
Tisch werden Fußtritte verteilt und auf dem Tisch Ellbogenkämpfe um
Zentimeter der Tischreviere ausgetragen. Halbwüchsige fläzen sich
herum und rülpsen, und natürlich fühlt sich das jüngere Geschwister-
kind heftig animiert. Den pürierten Blumenkohl mag es sowieso nicht
mehr! Das war's dann wohl mit der gemütlich-entspannten Atmosphäre! Eine pädagogische Meisterleistung, darüber nicht manchmal
die Geduld zu verlieren! Da brauchen Sie ein gehöriges Maß an
Gelassenheit, aber auch Konfliktbereitschaft und Durchsetzungs-
vermögen. Debatten über schwierige Schul- oder Eheprobleme ver-
schieben Sie lieber auf einen ruhigeren Zeitpunkt. Sonst schmeckt
es niemandem mehr!

Das Angebot im Supermarkt:
Was darf mein Kind – was nicht?
Kleine Lebensmittelkunde

Wir essen zu fett, zu salzig, zu süß und zu viel – und das von Kindes-
beinen an, warnen Experten seit Jahren in beinah schon stereotyper
Einmütigkeit. Die Folgen: ernährungsbedingte Krankheiten und
eine steigende Zahl übergewichtiger, dabei aber mangelernährter

Kinder, denen wichtige Nährstoffe für ihr gesundes Wachstum fehlen. Ernährungsumstellung ist gefragt, Kinder brauchen eine abwechslungsreiche Mischkost.

Nichts einfacher als das, könnte man meinen angesichts der überquellenden Regale im Supermarkt. Unser Lebensmittelangebot gleicht mittlerweile dem Schlaraffenland, alles ist zu jeder Jahreszeit verfügbar. Und da liegt auch schon der Hase im Pfeffer. Heutzutage müssen Eltern ständig zwischen Tausenden von Produkten auswählen und entscheiden. Fragt sich nur, nach welchen Kriterien? Hier ein paar Entscheidungshilfen:

Was ist von sogenannten »Kinderlebensmitteln« zu halten?

Man sollte sie vom Basis-Speiseplan streichen. Die gesamte Palette der kunterbunt verpackten Müsliriegel, Frühstückszerealien, Götterspeisen, Schokoriegel, Milchschnitten, Fruchtjoghurts oder -quarks, Limonaden, Milchmischgetränke und Fertiggerichte sind zum Großteil schlicht und einfach überteuerte Süßwaren mit hohem Fett- und Zuckeranteil, die zudem mehr Zusatzstoffe enthalten als herkömmliche Lebensmittel, z. B. Emulgatoren, Farb- und Konservierungsstoffe, auf die Kinder allergisch reagieren können.

Mit aggressiver, auf Kinder zugeschnittener Werbung drängen die Hersteller solcher Produkte verstärkt auf den Markt. Sie werden als leichter »Zwischensnack« mit angeblich gesunder Nährstoffanreicherung angepriesen, da man glaubt, Eltern mit dem Gesundheitsargument besonders beeindrucken zu können.

Tiefkühlkost?

Hier ist zu unterscheiden zwischen Fertiggerichten und dem industriell nicht weiter zubereiteten tiefgefrorenen Gemüse. Bei den Fertiggerichten seien Sie gefaßt auf reichlich, oft minderwertiges Fett, Zucker, Geschmacksverstärker und viel Salz. Auf die Dauer also lieber nicht! Sie schonen auch Ihr Portemonnaie.

Das Tiefkühlgemüse wird erntefrisch eingefroren, Nährstoffe bleiben nahezu völlig erhalten. Es ist die beste Alternative zu müdem Blumenkohl aus der Frischtheke, für den sich tagelang kein Käufer gefunden hat.

Schadstoffcocktail in Lebensmitteln – was tun?

Darüber sind sich auch die unterschiedlichen Ernährungsexperten nicht einig. Die einen empfehlen nur Gemüse aus biologisch-kontrolliertem Anbau, die anderen halten das herkömmliche Obst und Gemüse im wesentlichen für sicher und die Risiken im Verhältnis zu anderen Ernährungssünden für minimal. Erfreulicherweise hat inzwischen auch die Lebensmittelindustrie die Marktlücke »Ökologie« entdeckt, viele Supermärkte haben mittlerweile eine Bioecke. Und die entsprechenden Produkte werden erfreulicherweise immer preisgünstiger. Viele Eltern werden einfach nach den Einkaufsmöglichkeiten entscheiden, die es in ihrer Nähe gibt: Wenn Sie berufstätig sind, werden Sie keine Zeit haben, den Wochenmarkt aufzusuchen. Und eine Familie mit mehreren Kindern, die mit jedem Pfennig rechnen muß, kann es sich nicht leisten, im Bioladen einzukaufen. Beruhigend, daß eine gesunde Ernährung davon nicht allein abhängt.

16

Im Irrgarten der Ernährungslehren – was braucht mein Kind?

Eltern sind in der Regel weder Ernährungsexperten, noch haben sie eine Nährstofftabelle im Kopf, wenn sie einkaufen. Sie schieben entnervt den Buggy an der sogenannten »Quengelware« vorbei zur Supermarktkasse, oder sie haben den Dreijährigen an der Hand, der gerade gerade wieder einmal eine Trotzphase durchlebt. Allzu oft sind sie also nur von einem Gedanken beherrscht: möglichst schnell wieder raus. Als berufstätige Mutter (seltener sind es die Väter) schaffen Sie es gerade, zwischen Büro- und Ladenschluß noch schnell irgendetwas fürs Abendessen und Frühstück einzukaufen. Dabei schauen Sie nicht jedesmal auf die Liste der Inhaltsstoffe. Sie denken vielleicht noch an Vitamine, aber nicht an ungesättigte Fettsäuren und hochwertiges Protein. Sie denken an Kartoffeln oder Nudeln, überlegen, ob Sie nun Dosentomaten oder frische Hollandware nehmen, Erbsen aus der Tiefkühltruhe oder schlappen Brokkoli aus der Gemüsefrischtheke. Schaffen Sie es noch rüber zum Bäcker, oder nehmen Sie das abgepackte Brot aus dem Regal? Ihr schlechtes Gewissen plagt Sie, und Sie nehmen sich fest vor, am Wochenende mit den Kindern in aller Ruhe über den Markt zu schlendern, wirklich frisches Gemüse vom Biobauern zu kaufen und die Kinder auswählen zu lassen – wenn nicht das Fußballturnier des Ältesten dazwischenkommt. Wie oft scheitert der gute Wille an den Widrigkeiten des Alltags! Doch zum Glück ist nicht einmal dies ein gravierendes Hindernis für eine gesunde Ernährung.

Bringt man die unterschiedlichen Ernährungslehren – mit Ausnahme rein vegetarisch orientierter Konzepte – auf den kleinsten gemeinsamen Nenner, der auch im Alltag für die meisten Eltern problemlos umzusetzen ist, so gibt es drei einfache Faustregeln:

Man verwende:

- **REICHLICH** pflanzliche Lebensmittel (Kartoffeln, Gemüse, Getreideprodukte, Hülsenfrüchte und Obst) und Getränke wie Mineralwasser oder verdünnte Fruchtsäfte;
- **MÄSSIG** tierische Lebensmittel (Mich und Milchprodukte, Eier, Wurst, Fleisch und Fisch);
- **WENIG** fettreiche und süße Lebensmittel (Butter, Margarine, Bratfette, Öle, Sahne, Kuchen, Gebäck, Süßigkeiten etc.).

Variieren Sie die Kost, wechseln Sie Grundnahrungsmittel und Gemüsesorten, denn es gibt kein Lebensmittel, das ein optimales, allumfassendes Nährstoffdepot enthält. Durch Abwechslung versorgen Sie ihr Kind mit allem, was es braucht. Vitaminpillen und nährstoffangereicherte Fruchtsäfte sind dann überflüssig.

Die Zuschriften unserer Zuschauer zeigen, daß viele Eltern die Faustregeln der gesunden Ernährung bereits erfolgreich praktizieren. Deshalb bilden Grundnahrungsmittel und Gemüse auch einen Schwerpunkt unseres »Kind & Kegel Elternkochbuchs«, während Fleisch im Küchenplan zur Beilage geworden ist.

Verstehen Sie die Portions- und Mengenangaben nicht als starre Vorschrift. Jedes Kind ißt anders, der Appetit schwankt nach Alter, Körperkonstitution, Müdigkeit und Tageslaune. Wer gerade beim Mensch-ärger-dich-nicht-Spiel verloren hat und dann auch noch gegen die jüngere Schwester, dessen Magen hat noch genug am Ärger zu knabbern.

Ebenso variabel sind die Zutaten. Will man fettärmer kochen, nimmt man von allen fetthaltigen Bestandteilen einfach weniger oder verwendet fettärmere Zutaten, zum Beispiel mehr Milch und weniger Sahne für eine Soße. Und wird Ihre Kochphantasie von ausgefallenen Variationsideen beflügelt, nur zu: Experimente erhalten in jedem Fall den Spaß am Kochen im Alltagstrott!

17

Küchenlatein

Hardware: Die kleinen Küchenhelfer

Kinder lieben die Küche. Sie ist einer ihrer beliebtesten Aufenthaltsorte, ob zum Herumwuseln, Spielen oder Schularbeiten machen. Den Kleinsten hat es der Schrank mit den Töpfen angetan oder der Wasserhahn und das Spülbecken, die Größeren helfen begeistert beim Schnippeln, Hacken, Rühren und Kneten. Was Sie in diesem »Erlebnisraum Küche« ganz sicher nicht brauchen, ist eine High-Tech-Aufrüstung des elektrischen Küchenmaschinenparks. Gut funktionierende mechanische Geräte, mit denen auch die Kinder ihre »handwerklichen« Kochkünste verfeinern können, brauchen weniger Platz und können nach Gebrauch schnell in der Spülmaschine entsorgt werden. Es gibt allerdings drei Ausnahmen, auf die Sie nicht verzichten sollten:

- einen Pürierstab (mit 3 Zacken, damit das Gemüsemus auch richtig fein wird und die Bananenmilch schön schaumig);
- einen elektrischer Handmixer;
- eine genaue Waage mit Digitalanzeige.

Darüber hinaus leisten täglich gute Dienste:

- eine Knoblauchpresse;
- eine Kartoffelpresse, durch die auch anderes weiches Gemüse gequetscht werden kann;
- eine mechanische Käsekurbel aus Metall (mit verschiedenen Kurbeleinsätzen). Man kann darin auch Nüsse oder weicheres Gemüse raspeln.

- eine Gemüseraspel mit Restehalter, um beim heftigen Raspeln die Fingerkuppen zu schützen;
- eine Salatschleuder, damit der Salat nicht in einer verwässerten Soße ertrinkt;
- ein großes Holzbrett.

Vorratshaltung

Im Küchenschrank:

Als Standardausstattung sollten die folgenden Grundnahrungsmittel immer ausreichend vorhanden sein:
- Kartoffeln ▪ Nudeln ▪ Reis ▪ Mehl ▪ Brot ▪ Haferflocken

Und mit dem folgenden sind Sie für alles gewappnet:
- Knoblauch ▪ Zwiebeln ▪ Dosentomaten ▪ Olivenöl/Sonnenblumenöl ▪ Gemüsebrühe ▪ ein paar getrocknete italienische Kräuter (sie verlieren allerdings nach geraumer Zeit das Aroma, darum lieber nicht zu große Vorräte lagern).
   Etwas weiter hinten im Küchenschrank haben vielleicht noch ein paar Tüten getrockneter Hülsenfrüchte Platz. Für den Notfall auch Bohnen- oder Linsenkonserven.

Im Kühlschrank bunkern Sie:

- ein paar Eier ▪ Butter ▪ Käse ▪ Milch ▪ Schmand und Sahne

Das Fensterbrett wird mit ein paar Kräutertöpfen dekoriert, und irgendwo in der Küche sollte immer eine Schale Obst griffbereit stehen. So sind Sie nahezu perfekt ausgerüstet!

Fehlen nur noch Salat und Gemüse, die Frischkost also, die, wie der Name sagt, auch frisch gekauft und möglichst bald verbraucht werden sollte, denn bei langer Lagerung gehen Vitamine und Mineralstoffe verloren.

Zur Tat: Tips und Tricks

Lagerung und Zubereitung

- Salat in Papier oder ein feuchtes Tuch einschlagen, dann ins Gemüsefach.
- Frische Kräuter abbrausen, ausschütteln und in ein Schraubverschlußglas oder in einen Gefrierbeutel geben. Den Gefrierbeutel aufblasen, zubinden und im Kühlschrank aufbewahren. Die Kräuter halten sich dann zwei bis drei Tage frisch.
- Gemüse und Obst erst waschen, dann verarbeiten. In wenig Wasser, möglichst kurz und bei geringer Hitze garen. Das Kochwasser mit verwenden, um die darin enthaltenen Nährstoffe zu nutzen. Man kann auch eine Suppe daraus zubereiten.
- Langes Warmhalten von Speisen führt zum Verlust von Vitaminen. Lieber kühl stellen und dann aufwärmen.
- Jodsalz verwenden.
- Pfeffer und Muskat frisch mahlen, es schmeckt würziger und der Pfeffer weniger scharf.
- Frische Kräuter im Essen ersparen Salz.
- Nach Möglichkeit unbehandelte Zitrusfrüchte verwenden, die abgeriebene Schale verfeinert manches Gericht mit einem wunderbaren Aroma. Legen Sie sich einen kleinen Vorrat an: Orangen und Zitronen schälen, Schalen einfrieren und bei Bedarf verwenden.

- Soßen kann man sehr gut anstatt mit Wein mit einem Schuß Saft, z. B. Apfelsaft verfeinern. Der Alkohol des Weines verkocht zwar, aber man muß die Kinder ja nicht unbedingt an den Geschmack gewöhnen.
- Mit Milch oder Sahne werden Soßen cremiger. Um fettärmer zu kochen, kann man in vielen Rezepten die Sahne durch Milch ersetzen oder die Sahne mit Milch verdünnen. Man kann auch die entfettete Sahnevariante, die Kaffeesahne, verwenden. Die fettärmere Alternative zu Crème fraîche ist saure Sahne.

Kleine Warenkunde

- Je mehr naturbelassene Zutaten Sie beim Kochen verwenden, desto höher ist natürlich der Gehalt an lebensnotwendigen Nährstoffen. Durch industrielle Verarbeitung wie Konservierung, chemische oder Hitzebehandlung wird die Qualität der Nährstoffe vermindert oder gar zerstört. Und wenn Sie mal überhaupt keine Lust zum Kochen haben und eine Dose Ravioli öffnen, dann machen Sie zum Ausgleich einfach einen großen Obstsalat zum Nachtisch.
- Vollkornprodukte (Reis, Mehl, Nudeln) sind grundsätzlich gehaltvoller, da im Keimling und den Randschichten des Getreidekorns hochwertige Eiweiße, Fette, Vitamine, Mineralstoffe und Ballaststoffe enthalten sind. Ballaststoffe sind die unverdaulichen Pflanzenteile. Sie sind wichtig für die Darmtätigkeit und binden Schadstoffe. Vollkornprodukte gehören mittlerweile in fast jedem größeren Supermarkt zum Standardsortiment. Sollten Ihre Kinder eine unüberwindbare Abneigung gegen Vollkornprodukte haben, bleiben Sie bei der bevorzugten Sorte oder mischen Sie die Produkte. Bei einer allzu abrupten Umstellung auf Vollkornprodukte können Kinder möglicherweise mit Blähungen reagieren. Also langsam umgewöhnen.

21

22

- Bevorzugen Sie Saisongemüse. Treibhausware wird unter höherem Einsatz von Pestiziden und Düngemitteln produziert und ist dadurch nitrathaltiger. Nitrat kann im Körper in schädliches Nitrit umgewandelt werden.
- Kresse, Meerrettich, Knoblauch und Zwiebeln haben antibakterielle Wirkstoffe, die Schädlinge im Darm bekämpfen.
- Alternativen zum Süßen mit raffiniertem Zucker sind Honig, Ahornsirup, Birnendicksaft, Rübensirup oder getrocknete Früchte (z. B. Rosinen, Aprikosen). Pfannkuchen oder Waffeln mit Ahornsirup sind bei Kindern äußerst beliebt! Rübensirup, eingedickter Rübensaft ohne Zusatzstoffe, eignet sich hervorragend zum Backen. Aber auch bei diesen alternativen Süßmitteln gilt: Sie sind Zucker.
- Meiden Sie chemische Süßstoffe (Saccharin, Cyclamat, Aspartam). Sie sind in anderen Ländern zum Teil verboten, da sie im Verdacht stehen, krebsauslösend zu wirken. Vorsicht bei »zuckerfreien« Süßigkeiten oder Fruchtsäften. Sie enthalten Zuckeraustauschstoffe (Sorbit, Xylit), die blähende und abführende Wirkung haben. Mancher vermeintliche Darmvirus mit Bauchkrämpfen entpuppte sich als Folge einer zuckerfreien Drops-Packung.

Geschicktes Timing ist das halbe Kochen

Falls Sie neben dem Topf warten, bis die Kartoffeln gar sind und sich anschließend an die Salatsoße machen, werden Sie mit den angegebenen Zubereitungszeiten natürlich nicht hinkommen. Gehen Sie also folgendermaßen vor:

- Überlegen Sie, was am Vorabend schon erledigt werden kann: Hülsenfrüchte einweichen, Nudeln, Reis oder Kartoffeln für Salate vorkochen.
- Beginnen Sie mit dem, was am längsten dauert: z. B. Wasser für

rote Bete oder Kartoffeln erhitzen. Während diese garen, können Sie den Tisch decken, Salat putzen, Soßen oder den Quark für den Nachtisch anrühren.

- Kochen Sie hin und wieder doppelte Portionen, und frieren Sie eine Hälfte ein. Der Zeitaufwand beim Kochen ist nahezu gleich, aber Sie gewinnen einen kochfreien Tag.
- Planen Sie Resteverwertung mit ein. Bemessen Sie z. B. den Reis, den Sie als Beilage zum Putengeschnetzelten reichen, etwas üppiger. Der Rest findet am nächsten Tag als Füllung in einer Paprikaschote Verwendung.
- Und zu guter Letzt: Überlassen Sie am Wochenende das Kochen samt Einkauf und Aufräumen auch mal den Kindern.

23

Abkürzungen

El = Eßlöffel
Tl = Teelöffel
Ds = Dose
Ts = Tasse
Pk = Paket
Bd = Bund
l = Liter
ml = Milliliter
g = Gramm
Tk = Tiefkühlkost
Msp = Messerspitze

Wie's die Kinder wollen: Rezepte für Nudeln, Pommes, Pizza, Reis …

24

Nudeln

Ob Spaghetti, Makkaroni, Spiralnudeln, Schmetterlingsnudeln – sie sind das Non plus ultra im Kinderspeiseplan. Eine stille Reserve sollte daher immer im Küchenschrank aufbewahrt werden. Man berechnet pro Portion ca. 100 g Nudeln, bei kleinen Kindern natürlich etwas weniger. Wichtig ist: Nudeln dürfen nicht matschig sein, sondern sollten bißfest gekocht werden. Damit sie nicht zu einem unentwirrbaren Kloß verkleben, nach dem Abgießen mit einem Stich Butter oder 1 El Öl im geschlossenen Topf kurz durchschütteln.

Wenn hungrige Kinder keinen Zeitaufschub mehr dulden, oder die gesamte Freundesclique mit vor der Tür steht, gibt's nur eins: Nudeln pur mit ein paar Tropfen Olivenöl und frisch geriebenem Parmesan oder Gouda bestreut. Während die Nudeln kochen, kann man schon mal einen Teller Rohkost auf den Tisch stellen.

Nudeln vom Vortag schmecken sehr gut mit etwas Öl und Semmelbröseln angebraten. Eisbergsalat und trocken geröstete Walnußstückchen untermischen: ein vollwertiges Essen.

Fix gemixt:

Zitronensoße
(4–5 Portionen)

Butter mit dem Zitronensaft verrühren. Basilikum, Petersilie, Salz, Pfeffer untermischen. Über die heißen Nudeln geben, untermischen, mit frisch geriebenem Parmesan bestreuen und sofort servieren.

Saft von 3 Zitronen
75 g weiche Butter
Salz, Pfeffer
1 El feingehacktes Basilikum
1 El feingehackte Petersilie
frisch geriebener Parmesan

 20 Min.   *6 DM*

25

Walnuß-Mandel-Mischung
(4 Portionen)

Mandeln und Walnüsse mahlen (wer Zeit hat, kann sie auch im Mörser zerdrücken). Die Nudeln abgießen und mit der Butter, den Nüssen, der gehackten Knoblauchzehe, Petersilie, Pfeffer und Salz vermischen und sofort servieren. Statt der Butter kann man die Nüsse auch mit Olivenöl vermischen. Statt Petersilie schmeckt auch Majoran. Um die Soße sämiger zu machen, kann man noch etwas Milch zugießen.

100 g Mandeln
100 g Walnüsse
1–2 Knoblauchzehen
feingehackte Petersilie
70 g Butter
Salz, Pfeffer

 30 Min.   *7 DM*

Erbsenmischung

(4 Portionen)

1 Pk Tk-Erbsen
4 Scheiben roher Schinken
1 Zwiebel
Olivenöl oder Butter

Feingehackte Zwiebel mit kleingeschnittenem Schinken in etwas Olivenöl oder Butter andünsten, Erbsen dazu. Mit den Nudeln vermischen. Fertig.

Man kann die Nudeln auch ohne Schinken pikant zubereiten, indem man etwas Nudelwasser auffängt, 1 Tl Curry hineinrührt, die Nudeln damit vermischt und dann die angedünsteten Erbsen untermischt. Dasselbe Gericht schmeckt auch mit Reis.

 20 Min.   8 DM

Gemüsesoßen

Kinder mit Vitaminen zu versorgen ist gar nicht so schwer. Hervorragend geeignet ist zum Beispiel die Kombination von Nudeln mit Gemüsesoßen. Das Grundverfahren bleibt immer gleich, die weiteren Verfeinerungen der Phantasie und den Geschmacksvorlieben der Kinder überlassen:

Zwiebeln anbraten, kleingeschnittenes Gemüse kurz mitdünsten, mit Gemüsebrühe ablöschen, einige Minuten köcheln lassen und mit der Brühe pürieren. Wenn die Kinder gerne etwas Biß im Gemüse mögen, nimmt man vor dem Pürieren einige Gemüsestückchen heraus, stellt sie beiseite und mischt sie später unter die Soße. Sehr fein geriebene Möhren können sogar kurz vor dem Servieren noch hinzugegeben werden.

Mit Schmand, Crème fraîche, Sahne oder einfach nur mit Milch kann man die Soße verfeinern. Man kann auch kleingeschnittene Kräuter unterrühren und das fertige Nudelgericht mit trocken gerösteten Sonnenblumenkernen, Sesamsaat, Mandelsplittern oder Nußstückchen bestreuen.

Als Gemüsesorten und -kombinationen eignen sich besonders gut:

- Möhren, Zucchini, Brokkoli und Fenchel (auch in Kombination miteinander);
- Möhre schmeckt püriert besonders gut mit Sahne und Basilikum oder in Kombination mit Fenchel;
- Zucchini, Möhre, Lauch mit etwas Curry gedünstet.

Natürlich schmecken die Soßen auch zu Reis oder Hirse. Bei kleineren Kindern können sie mit weniger Flüssigkeit als Mus zubereitet werden.

Mischen Sie unter das Gemüse-Mus geriebenen Käse oder kleingeschnittenen Räuchertofu.

Marion Braun-Bittner ▪ Schwetzingen ▪ zwei Söhne – 3$\frac{1}{2}$ und 1$\frac{1}{2}$ Jahre

▪ Tip

Der Klassiker: Spaghetti mit Tomatensoße
(4 Portionen)

Tomaten überbrühen, kreuzförmig einschneiden, häuten, den Stielansatz entfernen und würfeln. Zwiebeln und Knoblauch schälen und fein würfeln. In Olivenöl andünsten, frische Tomatenstücke (oder Dosentomaten) dazugeben. Einkochen. Mit Salz, Pfeffer und einer Prise Zucker (verleiht den Tomaten einen sehr viel fruchtigeren Geschmack) abschmecken. Zum Schluß die Kräuter und – wer es als Verfeinerung mag – 1 El Crème fraîche oder Schmand dazugeben.

400 g Spaghetti
1 Zwiebel
1 Knoblauchzehe
1 kg frische Tomaten
(oder je 1 kl. Ds geschälte und passierte Tomaten)
1 El italienische Kräuter (Thymian, Oregano, Basilikum)
Crème fraîche oder Schmand nach Geschmack
frisch geriebener Parmesankäse

Die Nudeln auf den Teller geben, Soße darüber und mit frisch geriebenem Parmesan bestreuen.

Für eine fleischhaltige Bolognese-Version werden zu Beginn 300 g Hackfleisch mit den Zwiebeln in etwas Öl knusprig angebraten, mit Tomatenmark verrührt. Dann nach obigem Rezept weiter vorgehen.

 mind. 30 Min.   *8 DM*

Antje Radtke ▪ Erzhausen ▪ zweijähriger Sohn

■ **Tip**

Tomatensugo (italienische eingekochte Tomatensoße) kann man sehr gut vorkochen und in Portionen einfrieren:

Für 1/2 l Sugo (ca. 4 Portionen) benötigt man 1 kg Tomaten.

■ **Variante**

Zwiebeln, Knoblauch und Tomaten mit einem Schuß Balsamico-Essig ablöschen und mit je 2 Lorbeerblättern und Gewürznelken einkochen.

Mit frischem Basilikum servieren.

Spaghetti »Liliput«

(4 Portionen)

400 g Spaghetti
500 g Brokkoli
2 Tl Butter
125 ml Gemüsebrühe
200 g Hackfleisch
1 Prise Kräutersalz
1 Eigelb
1 El Öl
Sauerrahm nach Geschmack
2 El Zitronensaft
geriebene Muskatnuß
Thymian (getrocknet)

Spaghetti bißfest kochen. Brokkoli putzen, waschen und in Röschen teilen. Butter in einem Topf erhitzen. Brokkoli unter Rühren darin andünsten. Gemüsebrühe angießen und den Brokkoli ca. 10–15 Min. zugedeckt bei kleiner Hitze garen. Hackfleisch in einer Schüssel mit Kräutersalz und Eigelb gut vermischen. Mit nassen Händen kleine Bällchen formen, Öl in einer Pfanne erhitzen, die Bällchen darin rundherum braten.

Für die Soße einige Brokkoliröschen herausnehmen und beiseite stellen. Restliches Gemüse pürieren, anschließend Sauerrahm und Zitronensaft unterrühren. Mit Kräutersalz, Muskat und Thymian

28

abschmecken. Die Brokkoliröschen zugeben und alles nochmals kurz erwärmen.

Jede Nudelportion kreisförmig wie ein Nest auf einem Teller anrichten. Fleischbällchen und Soße darübergeben, mit Tomatenvierteln garnieren.

 30 Min.      *9 DM*

Lieblingsrezept von Lisa (4) und Amelie (2) Bischof ▪ Tuttlingen

▪ Variante 1

Brokkoli in Wasser garen. $^1/_4$ l vom Brokkoliwasser mit 100 ml Milch und 1 Pk heller Soße verrühren, 1 Tl Curry dazu. Mit etwas Zitronensaft und einer Prise Zucker oder mit etwas Honig abschmecken. Wer es mag, kann noch Schinkenstreifen drüberstreuen

▪ Variante 2

Den pürierten Brokkoli mit $^1/_2$ Pk Frischkäse binden, mit Knoblauch, Salz, Pfeffer und Zitronensaft abschmecken. 1 Pk geräucherten Lachs zerpflücken oder frischen Lachs in mundgerechte Stücke zerteilen und zur Soße geben, nicht mehr kochen lassen. Mit gekochten Tagliatelle vermengen. Zum Schluß Parmesan darüberreiben.

 40 Min.   *wegen des Lachses etwas teurer*

Eva Adams-Ottendeder ▪ Arnstorf ▪ zwei Kinder – 7 und 2 $^1/_2$ Jahre

29

Zucchinisoße mit Kräuterfrischkäse
(4 – 5 Portionen)

400 g Spaghetti
400 g Zucchini
1 Zwiebel
1 Knoblauchzehe
1 El Butter
½ l Milch
150 g Kräuterfrischkäse
Salz, Pfeffer

Die Zucchini waschen, putzen und fein raspeln. Zwiebel und Knoblauch fein hacken und in der Butter in einem Topf bei mittlerer Hitze andünsten. Die Zucchini dazugeben, ebenfalls kurz anbraten, dann die Milch angießen. Den Deckel auflegen und die Zucchini in 10 – 15 Min. garen. Das Gemüse mit dem Pürierstab fein zermusen. Den Kräuterfrischkäse unterziehen und mit Salz und Pfeffer abschmecken.

Die Soße paßt gut zu Nudeln, aber auch zu Kartoffeln.

 30 Min.   8 DM

Gisela Hardes ▪ Brilon ▪ drei Kinder – 16, 13 und 8 Jahre

30

Wirsingsoße
(4 – 5 Portionen)

400 g Spaghetti
1 kleiner Wirsing
1 Zwiebel
300 ml Gemüsebrühe
200 g kleine frische Champignons
Sojasoße
Pfeffer
etwas Öl
etwas Butter

Spaghetti bißfest kochen. Wirsing vierteln, Strunk herausschneiden. Wirsing kleinschneiden. Zwiebel würfeln und in etwas Öl glasig dünsten. Wirsing hinzufügen, kurz mit anbraten und mit der Brühe ablöschen. Bei kleiner Flamme ca. 15 Min. dünsten.

Inzwischen die Champignons kleinschneiden und in etwas Butter und Knoblauch anbraten. Den Wirsing mitsamt der Brühe pürieren, zu den Pilzen geben und einige Min. köcheln lassen. Mit Pfeffer und Sojasoße abschmecken.

Dazu ein Tomatensalat.

Bereitet man die Soße ohne Pilze zu, kann man den Wirsing auch mit Senf, Pfeffer und Schmand abschmecken.

 40 Min.   7 DM

Gut kombiniert

Vollkornnudeln mit Zucchini und Schafskäse
(4 Portionen)

Nudeln bißfest kochen. Inzwischen Zucchini in Stifte schneiden, Zwiebel und Knoblauch fein hacken, Käse zerbröckeln, Tomaten in Würfel schneiden, Kräuter hacken. Zwiebeln, Knoblauch und Zucchini im Olivenöl anbraten. Kräuter, Tomatenwürfel und Sahne zufügen. Unter Rühren 2–3 Min. garen. Schafskäse unterrühren, nicht mehr kochen. Mit einer Prise Pfeffer und Salz abschmecken und zu den Nudeln servieren.

400 g Vollkornnudeln
600 g Zucchini
1 Zwiebel
1 Knoblauchzehe
1–2 Tomaten
2 Zweige Thymian
1 Bd Petersilie
100 g Schafskäse
1 El Olivenöl
200 g Sahne
Salz, Pfeffer

 40 Min.   *12 DM*

Angela Gürtler ▪ Dinslaken

Gebratener Tofu mit Zitronensoße und Nudeln
(4 Portionen)

Während die Nudeln kochen, Tofu in dünne Streifen schneiden, mit Sojasoße beträufeln und 10 Min. ziehen lassen. Danach in Olivenöl von allen Seiten leicht anbraten, mit Salz und Pfeffer würzen, aus der Pfanne nehmen und warmstellen. Nun die gehackte Zwiebel in der Pfanne glasig anbraten, Crème fraîche und Zitronensaft hinzugeben und unter Rühren etwas einkochen lassen, Tofustreifen wieder hinzufügen. Mit Nudeln und evtl. einem frischen Salat servieren.

400 g Vollkornnudeln
250 g Tofu (geräuchert ist er würziger)
1 Zwiebel
Saft $1/2$ Zitrone
Olivenöl
150 g Crème fraîche
Sojasoße
Salz, Pfeffer

 40 Min.   *12 DM*

Gudrun Volk ▪ Erfstadt ▪ zwei Söhne – 10 und 13 Jahre

31

Spaghetti mit Bohnen, Kartoffeln und Pesto
(4 Portionen)

300 g Spaghetti
4 – 5 Kartoffeln
300 g grüne Bohnen
100 g Pesto

Bohnen putzen, halbieren und in etwas Wasser oder auf einem Dünsteinsatz ca. 15 Min. bißfest kochen. Inzwischen die Kartoffeln schälen und in kleine Stücke schneiden. 8 Min. in reichlich Wasser kochen. Die Spaghetti zufügen, bißfest kochen und abgießen. Etwas von dem Kochwasser auffangen und das Pesto mit einigen Eßlöffeln davon glattrühren. Mit Kartoffeln, Spaghetti und Bohnen vermischen. Darüber schmeckt frisch geriebener Parmesankäse.

 30 Min.    9 DM

32

Vollkorn-Nudeln mit Linsen
(4 Portionen)

300 g Vollkornnudeln
1 Zwiebel
1 Knoblauchzehe
1 El Öl
300 g Linsen (Puy)
1/2 l Brühe
1 Becher Sahne
3 El saure Sahne
Bohnenkraut
Salz, Pfeffer
Parmesankäse

Linsen in der Brühe weichkochen. Kleingeschnittene Zwiebel und zerdrückten Knoblauch anbraten, weiche Linsen dazugeben. Sahne, saure Sahne, eine gute Prise Bohnenkraut, Salz und Pfeffer einrühren, ca. 10 Min. köcheln. Währenddessen Nudeln kochen.

Linsen über die fertig gekochten Nudeln, mit Parmesan bestreuen.

 30 Min.   8 DM

Christa Neuhaus ▪ Dorsten ▪ drei Kinder

Nudeln mit Spinat-Käse-Soße
(4 Portionen)

Nudeln kochen und abgießen. In der Zwischenzeit den Spinat erhitzen, den Kräuterkäse darin schmelzen lassen, glattrühren.
  Über die Nudeln geben.

 20 Min.   *6 DM*

Imke Buchal ▪ Bremen ▪ zwei Kinder – 4¹/₂ und 1¹/₂ Jahre

Zwiebelwürfel mit Hackfleisch anbraten, aufgetauten Spinat und Knoblauch dazu, mit ¹/₈ l Tomatensaft oder einer kleinen Dose Tomatenstückchen auffüllen, köcheln lassen. Mit Salz, Pfeffer und Oregano abschmecken.

400 g Nudeln
1 Pk Tk-Rahmspinat
1 Pk Kräuterschmelzkäse

▪ Variante

33

350 g bunte Nudeln
300 g Möhren
300 g Kohlrabi
1 El Öl
50 ml Gemüsebrühe
200 g Sahne
gehackte Kräuter (z. B. Schnittlauch, Petersilie)
Salz, Pfeffer

Bunte Nudeln mit Gemüseragout
(4 Portionen)

Nudeln bißfest kochen. Gemüse putzen, Möhren in feine Scheiben, Kohlrabi in dünne Stifte schneiden. Öl erhitzen, Gemüse kurz anbraten. Brühe und Sahne darübergießen. 5–10 Min. bei schwacher Hitze köcheln lassen. Käuter unterheben. Mit Salz und Pfeffer abschmecken.
  Abgetropfte Nudeln mit dem Gemüseragout mischen.

 30 Min.   *9 DM*

Kerstin Thiele ▪ Butzbach ▪ zweijährige Tochter

■ Variante

Gemüsemischung – Zucchini, Möhre, rote Paprika, Champignons und Frühlingszwiebeln – anbraten und mit Tortellini mischen. Mit Knoblauch und Parmesan abschmecken. Die Kinder picken sich am Tisch ihr Lieblingsgemüse raus.

Sabine Simon-Untereiner ■ Stutensee ■ zwei Töchter – 7 und 3 Jahre

Tortellinisalat

(3–4 Portionen)

1 Pk Tortellini
1 Pk Mozzarella
250 g Kirschtomaten
1–2 Lauchzwiebeln
Essig
Öl
Knoblauch
1 Prise Zucker
Salz, Pfeffer
1 Bd Basilikum

Tortellini kochen. Kirschtomaten halbieren. Mozzarella in kleine Stücke, Lauchzwiebeln in schmale Ringe schneiden. Basilikum kleinschneiden. Aus Öl, Essig, Zucker, Salz und Pfeffer eine Marinade rühren, je nach Geschmack Knoblauch hineinpressen. Alles vermischen. Kalt servieren.

 30 Min.   10 DM

Gisbert Henke ■ Köln ■ 14 Jahre

Nudeln mit Beduar Bendora (mit Ei)

(3–4 Portionen)

250 g Nudeln (Spaghetti)
1 El Butter
Muskatnuß
4–5 Tomaten
1 El Olivenöl
Petersilie, Schnittlauch, Dill,
Liebstöckel etc.
Pfeffer, Paprika, Salz
2 Eier

Die Nudeln bißfest kochen. Mit der Butter, Muskatnuß und Salz abschmecken.

Inzwischen Tomaten überbrühen und abziehen. Olivenöl in einer Pfanne erhitzen, Tomaten in Scheiben schneiden (Stilansatz entfernen), ca. 5 Min. dünsten. In dieser Zeit Kräuter hacken und mit Pfeffer, Paprika und Salz zu den Tomaten geben. Nochmals 5 Min. dünsten.

2 Eier mit Gewürzen nach Belieben verquirlen. Zu den Tomaten geben und stocken lassen. Zu den Nudeln servieren.

 30 Min   *8 DM*

Anita Gehrke ▪ Niederkruechten

Käsespätzle
(4 Portionen)

Aus Mehl, Salz, Wasser und Eiern einen Spätzleteig kneten. Den Teig ausrollen, auf ein Brett legen und mit einem Messer kleine Stücke in kochendes Salzwasser schaben. Wenn sie an der Wasseroberfläche schwimmen (nach ca. 2 Min.) sind die Spätzle fertig.

Sie werden lagenweise mit dem Käse in eine feuerfeste Form geschichtet. Zwischen jede Lage kommt etwas heiße Butter, damit die Spätzle nicht austrocknen. Anschließend bei 150° ca. 10 Min. im Ofen überbacken. Dazu ein frischer Salat.

400 g Weizenvollkornmehl
200 ml Wasser
3–4 Eier
1 Prise Salz
200 g geriebener Käse
(Gouda oder Emmentaler)
50 g Butter

35

 40 Min.   *6 DM*

Charlotte Meier-Ewald ▪ Stutensee ▪ zwei Kinder

- Wenn man den Teig etwas flüssiger zubereitet, kann man ihn über dem kochenden Wasser in Portionen durch ein grob gestanztes Sieb drücken.
- Man kann die Spätzle in einer Pfanne mit Butter knusprig anbraten.
- Man kann sie mit geriebenem Käse überbacken
- oder süß mit Zucker und Zimt verspeisen
- oder Semmelbrösel in Butter anrösten – gesünder sind Vollkornsemmelbrösel – und einige Eßlöffel über die Spätzle verteilen.

▪ **Varianten**

- Sehr lecker schmeckt auch Apfelmus (gekauft oder selbstgemacht), das man unter die Spätzle mischt oder dazu reicht.

Thunfischsalat mit Nudeln
(4 Portionen)

2 Tassen Spiralnudeln
1 Eisbergsalat
1 kleine Zwiebel
Öl
Essig
$1/2$ Tl Salz
Pfeffer, Zucker
1 Ds Thunfisch
Schnittlauch

Salat waschen, in Stücke zupfen. Nudeln kochen, abschrecken.

Eine Salatsoße bereiten aus gewürfelter Zwiebel, Essig, Öl, Salz, Pfeffer und Zucker.

Die Nudeln zum Salat geben und mit der Soße mischen. Anschließend den Thunfisch zugeben, mit Schnittlauch garnieren.

 30 Min. 6 DM *Thunfisch nur hin und wieder*

Marion Marquardt ▪ Dortmund ▪ sieben Kinder

■ **Variante**

Nudeln und Eisbergsalat mit gebratenem Geflügelfeisch: Puten- oder Hähnchenbrust anbraten, kernlose Trauben halbieren und zugeben. Mit einem Schuß Balsamico-Essig und Sahne ablöschen, mit Nudeln oder Eisbergsalat vermischen.

Karin Flach ▪ Bonn ▪ siebenjähriger Sohn

Nudelgulasch
(3–4 Portionen)

300 g Nudeln (Spiralen)
1 Zwiebel
1–2 Tl gekörnte Gemüsebrühe
2 kleine Dosen Tomatenmark
4 Würstchen
etwas Butter

Nudeln bißfest kochen. Fein gewürfelte Zwiebel in Butter goldgelb andünsten. Etwas Wasser und gekörnte Brühe dazugeben. Einige Minuten köcheln lassen, dann zwei kleine Dosen Tomatenmark einrühren. Die Würstchen in Scheiben geschnitten hinzufügen und kurz erwärmen, dann die Nudeln in die Soße geben und umrühren.

Die Soße kann man mit etwas Sahne, Schmand oder Crème fraîche verfeinern. Dazu ein bunter Salat.

 20 Min.   *7 DM*

Heike Janacek-Multhaupt ▪ Hattingen ▪ zwei Söhne – 2 und 4 Jahre

Der prominente Studiogast I

Amelie Fried ▪ Fernsehmoderatorin und Schriftstellerin ▪ zwei Kinder

Nudeln mit Mogelsoße
(Für 2 große und 2 kleine Esser)

Alle Gemüse klein würfeln und in Olivenöl anbraten. Mit Tomaten aus der Dose mitsamt Flüssigkeit ablöschen. Würzen und ca. 20 Min. auf kleiner Flamme köcheln lassen. In der Zwischenzeit die Nudeln bißfest kochen. Das Gemüse mit Ketchup abschmecken und pürieren.

Nach Geschmack mit etwas Sahne und viel frisch geriebenem Parmesan verfeinern und den Kindern schließlich als »Tomatensoße« servieren.

500 g Vollkornnudeln
1 große Zwiebel
2–3 Zucchini
1–2 Auberginen, je nach Größe
1 gelbe Paprika
1 Knoblauchzehe
1 große Ds Tomaten
Tomatenketchup
Salz, Pfeffer, Kräuter aus der Provence
Parmesankäse
4–5 El Olivenöl
evtl. ein Schuß Sahne

 35 Min.   *10 DM*

Der prominente Studiogast II

Gaby Köster ▪ Kabarettistin ▪ vierjähriger Sohn

Spaghetti mit Zitronen-Sahne-Soße
(4 Portionen)

500 g Spaghetti
1 Limone (unbehandelt)
1 Zitrone (unbehandelt)
200 ml Sahne
2 Tl Gemüsebrühe
2 Eigelb
1 Bd Basilikum
Salz, Pfeffer

Spaghetti bißfest kochen. Zitrone und Limone gründlich abwaschen und ein wenig von der Schale abreiben. Basilikum waschen, abtrocknen und hacken. In einem Topf die Sahne zum Kochen bringen, währenddessen Zitrone und Limone auspressen. Den Saft zusammen mit der Gemüsebrühe zur Sahne geben und einige Minuten köcheln lassen. Mit einer Schöpfkelle etwas von der Sahne abnehmen, mit dem Eigelb verquirlen und in die nicht mehr kochende Sahne zurückgeben. Gehacktes Basilikum unterheben, mit Salz und Pfeffer abschmecken und mit den Nudeln servieren.

 30 Min.    7 DM

38

Rund um die Kartoffel

Fast alle Kinder mögen Kartoffeln. Damit ist schon viel gewonnen, denn Kartoffeln sind wichtige Lieferanten für hochwertiges Eiweiß, Vitamine, Mineralstoffe, Kohlehydrate und Ballaststoffe, und zudem sind sie leicht verdaulich.

Man sollte sie möglichst mit Schale garen, da die Inhaltsstoffe dann weitgehend erhalten bleiben. Ein paar Kümmelkörner dazu, und die Pellkartoffeln schmecken würziger und machen Salz überflüssig. Kleine Gemüsemuffel, die aber Kartoffeln futtern, haben schon mal eine gute Nährstoffbasis. Ein weiterer nicht unwesentlicher Vorteil der Kartoffel: Sie ist ein preiswertes Grundnahrungsmittel, das, wie die eingesandten Rezepte zeigen, in vielfältigster Weise zubereitet werden kann. Erstaunlich, was man aus einer schlichten Pellkartoffel oder einem Püree alles zaubern kann.

Besonders schnell zubereitet sind Pellkartoffeln mit diversen Quark- und Joghurtdips – darüber einige trocken geröstete Sonnenblumen- oder Kürbiskerne: ein vollwertiges Essen mit »Biß«.

Die Komposition der Dips, das Anrühren, Schnipseln und Hacken übernehmen die Kinder sehr gern auch selbst.

Wenn man Pellkartoffeln reichlich vorkocht, ist das Mittagessen für den nächsten Tag schon gesichert. Ein Kartoffelsalat, Bratkartoffeln oder ein Püree sind in Minutenschnelle auf dem Tisch.

Ein Tip zum Kartoffelkochen: Mögen die Kinder Currygeschmack, dann kochen Sie die Salzkartoffeln mit ½ Tl Curry. Sie bekommen eine tolle gelbe Farbe und duften herrlich nach Curry.

Sabine Simon-Untereiner ▪ Stutensee ▪ zwei Töchter – 3 und 7 Jahre

39

▪ **Resteverwertung**

▪ **Tip**

Pellkartoffeln mit Dips

Der einfachste Dip: Quark mit etwas Mineralwasser schaumig aufschlagen. Wenn man Joghurt oder Schmand zufügt, schmeckt es noch frischer. Kleingeschnittene Kräuter wie Schnittlauch und Petersilie (oder was die Kräutertöpfe auf dem Balkon gerade hergeben) unterrühren. Mit Salz und Pfeffer abschmecken.

■ **Varianten**

- Wiesenkräuter, die man gemeinsam mit den Kindern gesammelt hat, kleinschneiden und unter den Quark rühren (z. B. Löwenzahnblätter, Gänseblümchen, Schafgarbe, Blätter des Wiesenschaumkrauts, Scharbockskraut).
- Man kann auch eine dünne Stange Lauch in feine Ringe schneiden, waschen und tropfnaß in etwas Olivenöl kurz andünsten und unter die Quark/Joghurt/Schmand-Mischung rühren,
- oder den Quark mit einem Schuß Leinöl und einer fein gewürfelten Zwiebel würzen. Salz, Pfeffer – fertig!

Pellkartoffeln mit Joghurtsoße
(3–4 Portionen)

200 g Joghurt
200 g Schmand oder saure Sahne
2–2 El Olivenöl
1 Bd Basilikum
Salz, Pfeffer
1 Spritzer Zitronensaft

Das kleingehackte Basilikum mit allen übrigen Zutaten vermischen und zu den Pellkartoffeln reichen.

 30 Min.   5 DM

Antje Radtke ■ Erzhausen ■ zweijähriger Sohn

40

Pellkartoffeln mit Kräuter-Paprika-Quark

(4 Portionen)

Paprika, Zwiebel und Gewürzgurken möglichst fein würfeln, Kräuter hacken. Sahne steif schlagen und unter den Quark rühren, alle Zutaten unterheben, mit Salz abschmecken. Für Kartoffelmuffel kann man die gegarten Kartoffeln klein würfeln und ebenfalls unterheben, dann wird ihr Geschmack überdeckt.

Auch als Brotaufstrich geeignet!

Weitere Dips im Kapitel »Dips, Soßen und Aufstriche«.

500 g Quark
200 g Sahne
1–2 rote Paprikaschoten
1 große Zwiebel
2 Gewürzgurken
je 1 Bd Schnittlauch, Petersilie, Dill

 30 Min. 8 DM

Katrin Liedtke ▪ Saulgau

41

Pellkartoffeln mit Linsen

Raffiniert, aber einfach und schnell ist die Zusammenstellung von Kartoffeln und kleinen Puy-Linsen (wenn es schnell gehen muß, nimmt man abgespülte Linsen aus der Dose). Die gekochten Kartoffeln pellen, mit der Gabel grob zerteilen, 2–3 El gekochte Linsen dazu, Schafskäse oder Hüttenkäse darüberbröseln und zum Schluß mit einer Marinade aus Öl, Essig, Apfelsaft, feingewürfelter Zwiebel und Knoblauch beträufeln.

Kartoffeln und Linsen (für 4 Portionen ca. 150 g) schmecken auch sehr gut als Salat. Die Kartoffeln werden in Scheiben geschnitten und mit den Linsen, gehackten Frühlingszwiebeln, kleingezupftem Räucherfisch und der Marinade vermischt. Etwas durchziehen lassen.

▪ **Variante**

Gefüllte Kartoffeln

(3 Portionen)

1–2 große Kartoffeln pro Person
1 Ei oder Eigelb
geriebener Gouda, Menge nach
Wahl und Appetit
Pfeffer, Salz, frisch geriebener Muskat
etwas Kümmel

Kartoffeln mit Schale und etwas Kümmel im Kochwasser oder im Dünsteinsatz garen. Längs halbieren und so gut wie möglich aushöhlen. Das klappt nicht immer so gut, manchmal zerbrechen die Kartoffeln, daher lieber ein paar mehr kochen. Die Kartoffelmasse mit der Gabel fein zerquetschen oder durch die Presse geben, Ei oder Eigelb dazu. Frisch geriebenen Gouda, Salz, Pfeffer und reichlich Muskat untermischen. Die Masse in die ausgehöhlten Kartoffeln füllen. In einer gefetteten Auflaufform bei 200° ca. 30–40 Min. backen. Werden die Kartoffeln zu dunkel, mit Alufolie abdecken.

Dazu paßt ein gemischter Salat, z. B. Eisbergsalat mit Orangenstückchen.

 75 Min.    *5 DM*

Petra Krings ▪ Düsseldorf ▪ eine Tochter

▪ Varianten

- Kartoffelmasse mit gerösteten und gehackten Haselnüssen, Sahne, Kräutern wie Schnittlauch oder Petersilie und fein gewürfelten Möhren vermischen und in die ausgehöhlte Kartoffel füllen.
- Oder mit zerbröseltem Schafskäse, Mandelblättchen, Zitronensaft, gehackter Petersilie und Joghurt mischen.

Blechkartoffeln

(4 Portionen)

1 kg kleine Kartoffeln
Öl oder ausgelassene Butter
Salz, Pfeffer
je 2 El Kümmel oder Sesam
1 Bd Schnittlauch
2 Becher Schmand

Blech mit Butter oder Öl einfetten, salzen, mit Kümmel oder Sesam (oder auch je zur Hälfte) bestreuen. Die Kartoffeln waschen, bürsten, längs halbieren und mit einem Messer kreuzweise einschnei-

42

den. Mit der Schnittfläche aufs Blech legen und mit Öl oder Butter bepinseln. Salzen und bei 200° ca. 30 Min. backen. Man kann es auch umgekehrt machen, nämlich die Schnittflächen mit Öl bepinseln und dann die Kräuter daraufstreuen.

Schmand glattrühren, evtl. etwas Joghurt zufügen. Pfeffer und Schnittlauchröllchen unterrühren. Als Dip dazu reichen und mit Salat servieren.

 40 Min.   *6 DM*

Angela Wollgast ▪ Berlin ▪ zwei Kinder – 8 und 11 Jahre

Kartoffelpüree mit Schinken
(6–8 Portionen)

Kartoffeln kochen, stampfen und mit Butter, Sahne, Muskat und Salz abschmecken.

Gekochten Schinken in etwas Butter anbraten und zu den Kartoffeln geben. Mischen, fertig.

Ob mit oder ohne Schinken: Ein Spiegelei auf dem warmen, weichen Kartoffelberg im Krater plaziert, ist ein Hochgenuß. Und welches Kind will da nicht den gelben Kratersee anstechen, denn dann bricht der Damm, der Strom ergießt sich durch geschickt gebaute Breikanäle und wird schließlich – mit Püree ordentlich vermatscht – genußvoll in den Mund geschoben!

 30 Min.   *7 DM*

Marion Marquardt ▪ Dortmund ▪ sieben Kinder

2 kg Kartoffeln
2 El Butter
1/4 l süße Sahne
Muskat, Salz
gek. Schinken (feingeschnitten)

43

■ Variante

Immer, wenn er etwas müde aus dem Kindergarten kommt, wünscht sich Frau Buchmanns Sohn »Erbsen im See«. Dazu werden Tiefkühlerbsen mit Zwiebelwürfeln in etwas Butter angedünstet und mit Sahne einige Minuten gegart. In der Mulde eines kleinen Püreeberges wird dann der Erbsensee angelegt.

Nicole Buchmann ■ Bad Soden ■ dreijähriger Sohn

Kartoffel-Möhren-Mus
(4 Portionen)

500 g Möhren
250 g Kartoffeln
1 Zwiebel
¼ l Gemüsebrühe
100 g Doppelrahmfrischkäse
1 Bd Schnittlauch

Möhren und Kartoffeln schälen und in Scheiben schneiden. Zwiebel pellen und in Ringe schneiden. Alles in Brühe ca. 10 Min. bei kleiner Flamme kochen, dann pürieren. Eventuell etwas Brühe zugeben. Zerbröckelten Frischkäse und Schnittlauchröllchen unterrühren.

 20 Min.   🐷 6 DM

Katrin Bergmann ■ Köln ■ zwei Kinder – 15 und 18 Jahre

■ Variante

Eine leckere Beilage zu diesem Kartoffel-Möhren-Püree: kleine Hackfleischbällchen aus groben Bratwürsten.

Für die Hackfleischbällchen werden des geringen Zeitaufwandes wegen grobe Bratwürste verwendet (1 bis max. 2 Bratwürste pro Person). Die Masse portionsgerecht aus der Pelle drücken und in einer beschichteten Pfanne mit wenig Fett braten, bis die Bällchen knusprig braun sind.

Christa Klein ■ Andernach ■ berufstätige Mutter mit zwei (fast!) erwachsenen Kindern

44

Kartoffel-Gemüse-Pürees

- Kartoffeln kann man mit den verschiedensten Gemüsesorten oder auch Hülsenfrüchten wie Erbsen und weißen Bohnen mischen und pürieren. Sehr lecker: Kartoffel und Sellerie zu gleichen Teilen mischen und pürieren. Etwas üppiger wird es, wenn man einen Schuß Sahne untermischt. Nach Geschmack der Kinder kann man gehackten Dill und Petersilie unterheben.
- Man kann aber auch schlicht und einfach das Kartoffelpüree mit geriebenem Käse bestreuen, z. B mit Gouda oder Parmesan.
- In der »italienischen Version« gießt man einen Schuß Olivenöl über den Püreeberg und streut fein gehacktes Basilikum oder kurz angebratene Salbeistreifen darüber. Zum Schluß ein wenig geriebenen Parmesankäse. Als Beilage Tomaten- und Zwiebelwürfel.

45

Kartoffelsalate

Der klassische Salat besteht aus kleingeschnittenen Kartoffeln, die man in Gurkenessig oder heißer Brühe etwas ziehen läßt. Abgießen und mit gewürfelten Gewürzgurken, Frühlingszwiebeln (in feine Ringe geschnitten), Salz, Pfeffer und Mayonnaise (die man mit Joghurt etwas leichter machen kann, s. Kapitel »Dips, Soßen und Aufstriche«) mischen.

■ Varianten

Statt Gewürzgurke nimmt man:
- entkernte, gewürfelte Salatgurke, Apfel und Majoran oder
- kleingeschnittene, hartgekochte Eier und Curry oder
- Tomaten und Paprikawürfel oder
- Tomaten, schwarze entkernte Oliven, zerbröselten Schafskäse oder Hüttenkäse und Basilikum. Dann aber ohne Mayonnaise nur mit Olivenöl angemacht.

Bratkartoffeln mit Dickmilch

(4 Portionen)

*500 g gekochte Kartoffeln
(oder mehr)
1 Zwiebel
1 Becher Dickmilch oder Quark
1 Bd Kräuter
Salz, Pfeffer, China-Gewürz*

Die gekochten Kartoffeln in Scheiben schneiden und in der Pfanne zusammen mit den kleingeschnittenen Zwiebeln scharf anbraten. Mit Salz, Pfeffer und China-Gewürz abschmecken.

Dazu gibt es Dickmilch pur oder nach Belieben mit Kräutern verfeinert.

 15 Min. 5 DM

Inge Hansen ▪ München

Kartoffelkuchen

(2–3 Portionen)

*2 kleine Zwiebeln
500 g Kartoffeln
2–3 Eier
1 Bd Schnittlauch
Salz, Pfeffer aus der Mühle, Muskat
Öl (zum Einfetten der Form)
1 Bd Dill
200 g Schmand
2 Tomaten*

Zwiebeln pellen, fein würfeln. Kartoffeln schälen und raspeln. Eier verquirlen. Kartoffeln und Zwiebelwürfel unterheben. Schnittlauch in Röllchen schneiden, unter die Masse heben, kräftig mit Salz, Pfeffer und Muskat würzen. Masse in eine gefettete Tarteform füllen, bei 220° im vorgeheizten Ofen 20–25 Min. backen.

Dill hacken, unter den Schmand ziehen, mit Salz und Pfeffer würzen. Tomaten in Scheiben schneiden.

Kartoffelkuchen mit Schmand und Tomaten servieren.

 40 Min. 8 DM

Heike Schweer ▪ Melle ▪ Erzieherin in einem Schulkinderhaus

46

Kartoffelpfanne
(4 Portionen)

Die Kartoffeln schälen, in Scheiben schneiden und auf ein geöltes Backblech legen. Tomaten entkernen, würfeln, den Schafskäse ebenfalls würfeln und beides darüber geben. Mit Salz, Pfeffer und Thymian würzen. Zum Schluß die kleingeschnittenen Oliven darüber geben.

Im Backofen bei 200° 30–40 Min. überbacken.

800 g Kartoffeln
3–4 Tomaten
150 g Schafskäse
100 g schwarze entkernte Oliven
Salz, Pfeffer, Thymian
Olivenöl

 60 Min. 8 DM

Katrin Bergmann ▪ Köln ▪ zwei Kinder – 15 und 18 Jahre

Kartoffeln mit Rübenkrautsoße und Wursthäppchen
(4–6 Portionen)

Salzkartoffeln oder Püree zubereiten. Für die Soße Butterschmalz in heißer Pfanne schmelzen, mit dem Schneebesen Mehl und etwas Salz einrühren und mit Wasser und einem Schuß Essig ablöschen. Unter Rühren das Rübenkraut zufügen. Wer es mag, kann in der Soße die Wurststücke aufwärmen. Zusammen mit den Kartoffeln servieren.

Dazu frischer Salat.

30 g Butterschmalz
30 g Weizenvollkornmehl
1/2 l kaltes Wasser
4 El Rübenkraut
Essig
Salz
1 kg Kartoffeln
400 g Hart- oder Fleischwurst

 40 Min. 7,50 DM

Fritz-Albert Pohlmann ▪ Bielefeld ▪ Der Großvater ist für das Kochen zuständig. Das Gericht ist eine Leckerei aus der altwestfälischen Bauern- und Kottenküche.

47

Der prominente Studiogast I

Konrad Beikircher ▪ **Kabarettist und Sänger** ▪ **Die Kartoffeln werden von Tochter Mascha immer wieder selbst zubereitet**

Maschas Kartoffeln

(4–6 Portionen)

1 kg Kartoffeln
gutes Olivenöl

Kartoffeln schälen, in Schnitze schneiden und in kochendem Salzwasser 3–4 Min. blanchieren. Olivenöl in eine feuerfeste Form geben. Die Schnitze im Öl wenden. Die Form dann in den vorgeheizten Ofen geben und bei 220° ca. 35 Min. garen.

Varianten mit Rosmarin, Estragon oder Knoblauch: 10 Min. vor Ende der Garzeit die Kräuter oder den Knoblauch auf den Kartoffeln verteilen.

Falls zwischen dem Blanchieren der Kartoffeln und dem Essen derselben ein Kind zu wickeln, ein Telefonat zu erledigen, Milch einzukaufen oder der lang versprochene Besuch im Zoo zu absolvieren ist, kein Problem, blanchierte Kartoffeln lassen sich gut aufbewahren. Also nach dem Blanchieren tun, was zu tun ist, und dann die Kartoffeln in den Ofen schieben. Guten Appetit!

 60 Min.    *3 DM*

Der prominente Studiogast II

Bärbel Höhn ▪ **Ministerin für Umwelt, Raumordnung und Landwirtschaft in NRW** ▪ **erfahrene Mutter mittlerweile erwachsener Kinder**

Himmel und Erde

(4 Portionen)

Kartoffeln kochen, zerstampfen und mit Milch, Butter, Salz und Muskat ein Püree zubereiten. Die Äpfel schälen, entkernen und in kleine Stücke schneiden. Mit einer Tasse Wasser zum Kochen bringen und bei kleiner Hitze einige Minuten köcheln lassen, bis die Apfelstücke zerfallen. Pürieren und je nach Apfelsorte und Geschmack mit Zucker süßen. 1 Tl Zimt unterrühren.

Kartoffelpüree und Apfelmus zusammen auf einem Teller anrichten. Guten Appetit!

800 g Kartoffeln, mehligkochend
1/4 l Milch
20 g Butter
Salz, Muskat
1 kg Äpfel
Zucker und Zimt

 40 Min.   6 DM

49

Der prominente Studiogast III

Hark Bohm ▪ Filmregisseur ▪ fünf Kinder, von denen drei noch zu Hause leben

Pellkartoffeln mit Kräuterquark
Beilage: Eisbergsalat mit Bohm-Dressing

Die Kartoffeln mit Schale garen. Kräuterquark fertig kaufen und mit etwas Schnittlauch und Petersilie aufmotzen, ein Schuß Sahne oder Crème fraîche dazu.
Eisbergsalat waschen, klein zupfen.
Dressing: Olivenöl, Essig, Zitone, ein bißchen Salz, Pfeffer und nicht vergessen: ein Hauch Zucker.

5 – 7 kleinere Kartoffeln pro Nase
Kräuterquark
Schnittlauch, Petersilie
Sahne, Crème fraîche

Statt Pommes aus der Tüte

350 g Kartoffeln pro Person
Pommesgewürz

Kartoffeln schälen und in Streifen schneiden, auf ein entweder mit Backpapier belegtes oder mit wenig Öl bestrichenes Backblech legen. Bei 200° Umluft 30 Min. backen, bis sie goldbraun sind. Danach mit Pommesgewürz bestreuen, wenden und nochmals 10 Min. backen.

Dazu selbstgemachtes Rot/Weiß (Ketchup und Mayonnaise s. Kapitel »Dips, Soßen und Aufstriche«).

Man kann Pommes aber auch klassisch frittieren – nicht jeden Tag, aber bei Heißhunger! Aus frischen Kartoffeln frisch geschnitzt in gutem, frischen Pflanzenfett ausgebacken, auf Küchenkrepp abtropfen lassen – diese Pommes sind allemal besser als die aus der Bude. Es stinkt nur ein bißchen nach Fett.

 60 Min.   *3 DM*

Heike Schweer ▪ Melle ▪ Erzieherin in einem Schulkinderhaus

50

Reisgerichte

Reis besteht hauptsächlich aus Kohlehydraten und ist für Kinder ein leicht verdaulicher Energielieferant. Der ungeschälte Vollkornreis ist am gehaltvollsten. Doch Kinder mögen ihn meist weniger gern. Einen Kompromiß stellt der Parboiled Reis dar. Er ist zwar geschält, aber so behandelt, daß er noch einen Großteil der wichtigen Vitamine und Mineralstoffe beinhaltet, die unseren Stoffwechsel in Gang halten. Manche Eltern versuchen mit kleinen Mogeleien ihre unbestechlichen Kinder auszutricksen, indem sie z. B. unter die sonst bevorzugte Sorte etwas Vollkornreis mischen oder dessen dunklere Färbung mit einer Prise Curry kaschieren. Versuchen kann man es ja mal!

Man rechnet für 4 Portionen 200–250 g Reis. Die einfachste Zubereitungs-Regel: 1 Teil Reis mit 2 Teilen Wasser aufkochen und bei kleiner Flamme ausquellen lassen, bis das Wasser aufgesogen ist. Ungeschälter Reis braucht länger und etwas mehr Wasser als geschälter.

Gekochter Reis hält sich 2–3 Tage im Kühlschrank frisch. Er paßt als Beilage zu fast allen Gerichten und läßt sich nahezu mit allem kombinieren.

Ein Beispiel für eine exotische Beilage: Reis kochen, nach 10 Min. Rosinen dazugeben. Wenn die Flüssigkeit aufgesogen ist, den Reis mit trocken gerösteten Nüssen oder Mandeln vermischen. Mit Salz, Pfeffer, Curry und etwas Honig vermischen. Dazu Gemüse servieren.

51

■ **Variante**

Möhrenrisotto

(4 Portionen)

750 g Möhren
40 g Butter oder Margarine
1 Zwiebel
250 g Reis
1 Tl Curry
½ Tl Curcuma
1 Tl Zucker
1 Prise Salz
½ l Gemüsebrühe
50–60 g Sonnenblumenkerne
1 Bd Petersilie

Möhren putzen und in ca. 5 cm lange dünne Stifte schneiden oder hobeln. Butter im Topf schmelzen. Zwiebel würfeln und darin anbraten. Reis und Möhren dazugeben und andünsten. Curry, Curcuma, Zucker und Salz hinzugeben. Umrühren und Brühe dazugießen. Einmal aufkochen, dann auf kleinster Flamme 20 Min. quellen und garen lassen. Abschmecken.

Die Sonnenblumenkerne ohne Fett in einer Pfanne rösten und zum Möhrenrisotto reichen. Wenn die Kinder es mögen, mit Petersilie bestreuen.

 30 Min. 5 DM

Monika Wansing ▪ Dorsten ▪ fünfjähriger Sohn

Bunter Risotto

(4 Portionen)

200 g Reis
400 ml Wasser
1 Zwiebel
3 El Öl
200 g Möhren
150 g Maiskörner
200 g Erbsen
2 El frische gehackte Kräuter
Salz
1 Tl Curry
100 g Frischkäse
50 g Emmentaler

Zwiebel hacken und in einem Topf in Öl glasig dünsten. Reis zugeben, mit Wasser ablöschen und bei kleiner Hitze ca. 20 Min. garen. Während der letzten 10 Min. Garzeit Mais, Erbsen und grob geraspelte Möhren in den Topf geben. Zum Schluß mit Kräutern, Curry, Salz und dem Frischkäse würzen und mit geriebenem Emmentaler bestreuen.

Dazu paßt ein Rohkostsalat.

 35 Min. 8 DM

Silvia Bissinger ▪ Heubach ▪ drei Kinder

52

Wirsing-Reispfanne mit Hackfleisch

(4 Portionen)

Zwiebel schälen und fein würfeln. Wirsing vierteln, den Strunk entfernen. Den Wirsing kleinschneiden. Das Hackfleisch in der Butter kräftig anbraten, die Zwiebel hinzugeben, dann den Wirsing und den Reis. Mit der Brühe ablöschen. Ca. 20 Min. garen und zum Schluß den geriebenen Parmesan unterheben und mit Salz und Pfeffer würzen.

1 Zwiebel
1 kleiner Wirsing
300 g Hackfleisch
30 g Butter
150 g Langkornreis
Salz, Pfeffer
450 ml Gemüsebrühe
50 g Parmesan

 40 Min. *8 DM*

Astrid Keller ▪ Melle

Wirsingrisotto exotisch

(4 Portionen)

Reis mit Rosinen in Gemüsebrühe garkochen (wie im Rezept S. 51). Wirsing in feine Streifen schneiden. Zwiebel und Knoblauchzehen fein würfeln. Die gehackten Nüsse in Öl anbraten, Wirsing zugeben und ca. 5 Min. mitbraten. Mischung beiseite stellen. Zwiebel- und Knoblauchwürfel in etwas Öl andünsten, Curry unterrühren und mit anbraten. Den Reis und die Wirsing-Nußmischung unterheben. Mit Salz, Pfeffer und Zitronensaft abschmecken. Mit einem Löffel Schmand oder Joghurt servieren.

250 g Reis
1/2 l Gemüsebrühe
300 g Wirsing
70 g Rosinen
1 Zwiebel
2 Knoblauchzehen
Öl
100 g gehackte Walnußkerne
1 Tl Curry
Pfeffer
1–2 El Zitronensaft
1 Becher Schmand oder Joghurt

 40 Min. *8 DM*

Lydia Mangel ▪ Paderborn ▪ fünfjährige Tochter

Risotto mit Hackfleisch
(4 Portionen)

Hack in Öl anbraten, Tomatenmark unterrühren. Erbsen, kleinge-schnittene Möhren dazugeben und kurz anbraten. Den Reis dazu-geben und mit der Brühe aufgießen. Bei geschlossenem Topf ca. 15 Min. köcheln lassen, bis der Reis weich und die Flüssigkeit ver-dampft ist. Abschmecken.

250 g Hackfleisch
2 – 3 El Tomatenmark
Olivenöl
100 g Erbsen
2 Möhren
250 g Reis
1/2 l Gemüsebrühe
Salz, Pfeffer

  30 Min.   *6,50 DM*

Vesna Cerit ▪ Hamburg ▪ Zwei Kinder – 2 Jahre und 5 Monate

Italienischer Risotto
(4 Portionen)

Zwiebel fein würfeln und in etwas Öl glasig dünsten. Reis zugeben und mitdünsten. 1 Tasse Brühe oder Apfelsaft zugeben. Wenn die Flüssigkeit aufgesogen ist, ca. 2 Tassen Brühe nachgießen und bei kleiner Flamme unter gelegentlichem Rühren 15 – 20 Min. weiterzie-hen lassen. Gegebenenfalls wieder mit Brühe auffüllen. Zum Schluß 1 – 2 El Butter und den geriebenen Käse unterrühren.

250 g Risottoreis (Arborioreis, es geht aber auch einfacher Rundkornreis)
1 Zwiebel
3/4 l Gemüsebrühe
evtl. 1 Ts Apfelsaft
75 g frisch geriebener Parmesan
1 – 2 El Butter
Öl

  25 Min.   *6 DM*

▪ **Varianten**

- Wenn Kinder Pilze mögen, in Scheiben geschnittene Champig-nons (oder einen kleinen Beutel getrocknete Steinpilze, die man zuvor einige Minuten in heißem Wasser einweicht) zu den Zwie-beln geben, sobald diese glasig sind.
- Oder Erbsen und fein geschnittenen gekochten Schinken unter das Risotto geben.

- Oder Spinat mit Knoblauch andünsten, salzen, pfeffern und pürieren und mit geriebenem Parmesan unter den Reis mischen.
- Der Phantasie sind keine Grenzen gesetzt. Man kann es mit Kräutern, verschiedenen Gemüsen, abgeriebener Zitronenschale, Nüssen, mit geräucherten Fischstückchen etc. variieren. Ein Beispiel: Kürbis oder Kohlrabi kleinschneiden, mit Zwiebelwürfeln anbraten, Reis dazu, nach und nach Brühe angießen, ca. 15 Min. auf kleiner Flamme garen, geriebenen Parmesan darunter.
- Das Risotto-Grundrezept eignet sich ebenso für Graupen, man benötigt dann aber wahrscheinlich etwas mehr Gemüsebrühe.
- Ein besonders köstliches Risotto wird mit Milch zubereitet. Man kann es deftig mit Parmesankäse oder süß mit Zimt und Zucker oder Fruchtpürees genießen.

56

Currybanane mit Reis

(4 Portionen)

250 g Reis
1/2 l Gemüsebrühe
3–4 Bananen
2 Eier
6 El Kokosflocken
1 Tl Curry
2 Scheiben frische Ananas
(oder aus der Dose)
6 getrocknete Aprikosen
Öl

Reis in Gemüsebrühe garen. Inzwischen Eier verquirlen. Die Bananen in Scheiben schneiden, in Ei und Kokosflocken wälzen und in etwas Butter goldgelb braten. Ananas und Aprikosen in feine Streifen schneiden, in Öl und Curry andünsten. Unter den Reis heben, vom Herd nehmen und etwas durchziehen lassen. Mit den Bananen servieren.

 30 Min.    8 DM

Reissalat

(4 Portionen)

Reis in Gemüsebrühe kochen. Gemüse und Apfel in feine Streifen, Frühlingszwiebeln in feine Ringe schneiden. Mit dem abgekühlten Reis und den Nußkernen vermischen. Die Zutaten für die Marinade verrühren und unter den Salat heben.

   Salatreste lassen sich gut einfrieren.

 30 Min.   6 DM

100 g Reis (etwas teurer: Wildreis)
³/₈ l Gemüsebrühe
150 g Zucchini
1 Apfel
50 g Frühlingszwiebeln
20 g gehackte Walnüsse, Haselnüsse, Mandelstifte etc.

Marinade:
3 El Zitronensaft
1 El Öl (gut, aber teurer: Walnußöl)
Senf nach Geschmack
frisch geriebener Ingwer

57

Chinesische Reispfanne

(4 Portionen)

Reis kochen. Eier mit Milch, Mehl, Muskat und einer Prise Salz verquirlen. In wenig Öl 2 dünne Pfannkuchen braten und in Streifen schneiden. Sesam ohne Fett anrösten. Chinakohl und Lauch putzen und in feine Streifen schneiden, die Möhren raspeln. Im restlichen Öl 5 Min. anbraten. Nusskerne zugeben. Reis, Pfannkuchenstreifen und Sesam unterheben, mit Sojasoße abschmecken.

 40 Min.   7 DM

200 g Reis
2 Eier
2 El Milch
1 Tl Mehl
Muskatnuß
3 El Öl
40 g Sesam
300 g Chinakohl oder Weißkohl
1 kleine Stange Lauch
1–2 Möhren
50 g Cashewkerne (Cashewbruch ist günstiger) oder Erdnüsse
4 El Sojasoße

Pizza und Pizzantes

Pizza muß nicht ungesund sein, im Gegenteil. Im Teig etwas Dinkel- oder Vollkornmehl, viel Gemüse und Käse – was soll daran ungesund sein? Das jedenfalls meinte zurecht eine unserer »Kind & Kegel«-Zuschauerinnen. Und auch manch andere »Unterlage« geht bei Kindern als Pizza durch.

Für den klassischen Pizzaboden gibt es ein einfaches Grundrezept.

Pizzateig

(1 Blech)

500 g Mehl
30 g frische Hefe
1 Tl Salz
¼ l lauwarmes Wasser
2 El Olivenöl

Die Hefe mit 1 El Mehl in einem Teil des lauwarmen Wassers auflösen und 10 Min. gehen lassen (mit einer Prise Zucker oder Honig »geht« es noch schneller). Das restliche Mehl in eine Schüssel geben. Salz, Olivenöl, Wasser und die aufgelöste Hefe sehr gut miteinander verkneten. Aus dem Teig eine Kugel formen, kreuzweise einschneiden und mit Mehl bestäubt nochmals ca. 30 Min. an einem warmen Ort gehen lassen, bis der Teig sich verdoppelt hat. Durchkneten, auf einem Blech ausrollen, mit Olivenöl bepinseln und pizzamäßig belegen.

 45 Min.   *2 DM*

58

Pizzavariationen

- **Pizza Margherita:** Am beliebtesten ist wohl diese klassische Variante. Der Pizzaboden wird belegt mit Tomatenscheiben oder Tomatensugo (s. Grundrezept im Kapitel »Nudelgerichte«, aber Tomatenstücke aus der Dose tun's auch), geriebenem Käse, wie z. B. Gouda, Parmesan oder Peccorino, und Oregano.
- **Pizza Salami:** Wer es wurstig mag, legt Salamischeiben (oder Streifen von gekochtem Schinken) dazwischen.
- **Pizza Napoli:** Tomatensugo, Sardellenfilets, Kapern, geriebener Käse, Oregano

Man kann kombinieren, zufügen oder weglassen, je nach Vorlieben der Kinder: Mozzarellascheiben, Sardellenfilets, frisches Basilikum, Scheiben von hartgekochten Eiern, Paprika, Pilze, Schafskäse, Oliven, grüne Bohnen, Auberginen…

Die doppelte Menge an Teig zubereiten und gleich mehrere Bleche Pizza backen. Den Überschuß einfrieren und bei Bedarf auftauen – z. B. wenn sich die Kinder mittags einmal selbst versorgen müssen oder wenn sich die Zahl der kleinen Esser am Mittagstisch unvorhergesehen verdreifacht. Der Zeitaufwand bei der Zubereitung ist fast der gleiche.

59

- **Tip**

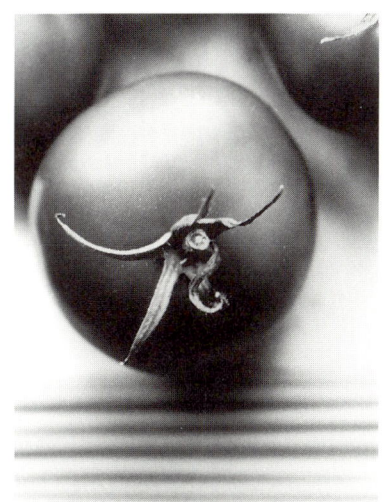

Pizzaschnecken

(reicht für 2 Backbleche)

10 Blätter Tk-Blätterteig
200 g gekochter Schinken
1 Zwiebel
2 Tomaten
150 g Champignons
200 g geriebenen Käse
200 g Schmand
Salz, Pfeffer, Oregano

Blätterteigplatten nebeneinanderlegen, auftauen lassen und ausrollen, die Seitenkanten müssen überlappen. Die Zutaten fein würfeln, mit Käse, Schmand und den Gewürzen vermengen. Auf dem Blätterteig verteilen, aufrollen und dann in ca. 2 cm breite Scheiben schneiden. Schnecken auf zwei mit Backpapier ausgelegte Backbleche verteilen. Bei 200° 20–35 Min. backen.

 40 –50 Min.   15 DM

Katharina Rempe ▪ Bergisch Gladbach

60

Spaghettipizza

(4–6 Portionen)

500 g Spaghetti
1 Becher Schmand
1 Ei
250 g Hackfleisch
1–2 El Tomatenmark
4–5 frische Tomaten, es geht auch
mit Tomatenstückchen aus der Dose
Oregano, Basilikum, Thymian
geriebener Käse

Spaghetti bißfest kochen und in einer flachen Auflaufform auslegen. Den Schmand mit einem Ei verquirlen und über die Spaghetti gießen. Tomaten überbrühen, häuten und würfeln. Gehacktes anbraten, Tomatenmark untermischen und kurz mitbraten. Tomaten und Kräuter dazugeben und einige Minuten köcheln lassen. Die Masse über den Spaghetti verteilen. Geriebenen Käse darübergeben. Bei 180° ca. 30 Min. überbacken. In Stücke schneiden und servieren.

 60 Min.   8,50 DM

Zwergenpizza

(4–6 Portionen)

Kartoffeln in der Schale garen, pellen und durch die Kartoffelpresse in eine Schüssel drücken. Butter in Flöckchen und Salz unterrühren, dann das Mehl untermengen und 30 Min. quellen lassen.

In der Zwischenzeit die Sonnenblumenkerne rösten und hacken. Tomaten überbrühen, kalt abschrecken, an der Oberseite kreuzförmig einritzen, häuten und den Stielansatz entfernen. Tomaten in Scheiben schneiden, Käse grob reiben.

Kartoffelteig auf ein mit Backpapier ausgelegtes Blech geben, mit den Händen zu einem Kreis flachdrücken und einen kleinen Rand formen.

Sonnenblumenkerne und Tomatenscheiben auf dem Teig verteilen. Mit Oregano würzen. Den Käse darüberstreuen. Auf mittlerer Schiene bei 200° ca. 25 Min. backen.

800 g mehlige Kartoffeln
1 Prise Salz
50 g Butter
3 El Grünkernmehl
20 g Sonnenblumenkerne
500 g Tomaten
100 g junger Gouda
1 Tl getrockneter Oregano

 90 Min. *7 DM*

Kerstin Thiele ▪ Butzbach ▪ zweijährige Tochter

Pizzasemmel

(10 Stück)

Käse reiben, Schinken, Salami und Paprika würfeln, mit der Mayonnaise und den Gewürzen mischen.

Die Semmeln aufschneiden und mit der Masse bestreichen. Bei 180° ca. 15 Min. überbacken.

250 g Gouda
125 g gekochter Schinken
125 g Salami
1½ Paprika (rot und gelb)
½ Glas Joghurtmayonnaise
Pizzagewürz
1 Tl Salz, Pfeffer
5 Semmeln (sehr gut eignen sich auch Vollkornsemmeln oder -stangen)

 25 Min. *13 DM*

Maria Weigert ▪ Pentling

61

Pfannkuchenpizza

(4 Portionen)

200 g Mehl
4 Eier
½ Tl Salz
150 ml Milch
Thymian, Oregano, Basilikum
1 Bd Petersilie, gehackt
1 rote Paprikaschote
3–4 Tomaten
100 g Champignons
150 g gekochter Schinken
100 g geriebener Käse
4 El Margarine oder Butterschmalz

Aus Mehl, Eiern, Salz, Milch und Kräutern einen glatten Teig rühren.

Paprikaschote, Tomaten und Champignons waschen, putzen und in Scheiben schneiden. Schinken würfeln. Einen El Fett in einer Pfanne erhitzen, ein Viertel des Gemüses und den Schinken kurz andünsten und ein Viertel des Teiges hineingießen. Unterseite hellbraun backen, dann den Pfannkuchen wenden.

Oberseite mit einem Viertel des Käses bestreuen, Deckel auf die Pfanne geben und den Pfannkuchen fertig garen. Auf diese Weise vier Pfannkuchen backen.

 40 Min.  11 DM

Heike Schweer ▪ Melle ▪ Erzieherin in einem Schulkinderhaus

Salat-Exkurs

Wenn das Lieblingsessen der Kinder mittags mal wieder nicht ganz
so gesund ausfällt, ist ein knackiger Salat der ausgleichende Vitamin-
stoß. Es muß nicht immer Blattsalat, Gurke und Tomate sein. Allerdings greift man vor der ausladenden Gemüsetheke im Supermarkt
meist schnell zum Bewährten und Bekannten, schließlich soll's flott
von der Hand gehen.

  Oft fehlt aber der gewisse Pfiff. Nur Mut, mit etwas Experimen-
tierfreude kann man sogar aus wenig viel machen. Probieren Sie es
einfach.

Zum Einstieg in die Kochphantasie ein paar Anreize:
- Feldsalat mit kernlosen Trauben und gehackten Nüssen
- Kopfsalat mit Erdbeeren, ein Schuß Orangensaft ins Dressing
- Eisbergsalat mit Orangenstückchen, der aufgefangene Saft
  kommt ins Dressing
- Möhren mit Sojasprossen, Orangen und gehackten Mandeln
- Möhren, Zucchini und geröstete Erdnußkerne
- Salatgurke mit Birne, Honig, Sojasoße und Sesam
- Weißkohl (in schmale Streifen geschnitten und kurz mit heißem
  Salzwasser überbrüht), Möhre und Sesam
- Wirsing (in schmale Streifen geschnitten und kurz mit heißem
  Salzwasser überbrüht), Paprika, Maiskörner und Sesam

Salate können immer variiert werden mit Croutons, gerösteten
Nüssen und Kernen, und sie sind eine sättigende Hauptmahlzeit,
wenn man gekochten Reis/Getreidekörner, Nudeln oder Linsen
untermischt.

Kohlrabisalat
(4 Portionen)

1 Kohlrabi
1 Bd Basilikum
50 g Parmesan
¹/₂ Zitrone, Salz, Pfeffer
2 El Olivenöl

Kohlrabi schälen und grob raspeln. Basilikum in feine Streifen schneiden. Kohlrabi, den geriebenen Käse und Basilikum mischen. Mit Zitronensaft, Salz und Pfeffer abschmecken. Mit Olivenöl beträufeln und servieren.

■ **Variante**

Den geraspelten Kohlrabi mit Sahne, Zitronensaft und gehackter Zitronenmelisse mischen.

 10 Min.   3,50 DM

Gisela Staupe ▪ Dresden ▪ achtjähriger Sohn

Sauerkrautsalat
(4 Portionen)

350 g Sauerkraut
1 Apfel
3 – 4 El Leinöl
evtl. gemahlener Kümmel
(dann bekommt's besser)

Das Sauerkraut kleinschneiden, den Apfel in kleine Stifte schneiden. Mit Leinöl und einer Prise Kümmel mischen.

 20 Min.   1,50 DM

Möhrensalat
(4 Portionen)

4 – 5 Möhren
250 g Dickmilch
1 Ds Mandarinen
Zitronensaft
1 Prise Zucker

Möhren putzen und raspeln. Dickmilch mit Zitronensaft und einer Prise Zucker verrühren, mit den Möhren vermischen. Abgetropfte Mandarinen dazugeben.

 20 Min.   3 DM

Martina Reineke ▪ Bielefeld ▪ zwei Kinder – 5 und 10 Jahre

Geraspelte Möhren mit Apfel, Pfirsich und Rosinen mischen.

Diana Strebelow ▪ Treuen ▪ sechsjähriger Sohn

Salatsoße auf Vorrat zubereiten: Die Zutaten in ein Marmeladenglas mit Schraubverschluß geben. Kräftig durchschütteln und in den Kühlschrank stellen. Öl und Essig werden bei einer Vinaigrette in einem Mischungsverhältnis von 2:1 verrührt, ein Schuß Apfelsaft nimmt die Schärfe.

Rote-Bete-Salat
(2–4 Portionen, je nach Salatneigung)

Rote Bete und Apfel raspeln, Zwiebel würfeln und Nüsse in grobe Stücke hacken. Zutaten für die Soße verrühren und mit dem Gemüse vermengen.

 20 Min.   *3 DM*

Den Joghurt kann man durch Apfelsaft, etwas mehr Essig oder Zitronensaft, Senf und Öl ersetzen.

Gerta van Oost ▪ Dormagen ▪ Tante von sechs Neffen, ihre regelmäßigen Feriengäste und höchst wählerische Esser

---

▪ **Variante**

▪ **Tip**

65

1 Rote Bete
1 säuerlicher Apfel
3 Walnüsse
1 kleine Zwiebel
(alternativ: frischer Porree)

Soße:
1 Becher Joghurt
Öl und Essig
Meerrettich, Senf
Salz, Pfeffer, gemahlener Kümmel

▪ **Tip**

Aufläufe und Gratins

Aufläufe haben einen festen Platz in der Elternküche, denn sie sind zeitökonomisch. Nach den Vorbereitungen wie Gemüseputzen, Schälen und Schnippeln besorgt der Backofen den Rest allein. Kein Rühren, kein Anbrennen oder Überkochen: Während das Mittagessen im Backofen vor sich hin brutzelt, können andere Dinge erledigt werden.

Zudem sind Aufläufe häufig hervorragende Resteverwerter: Nudeln, Reis oder Pellkartoffeln vom Vortag mit Gemüse, Hackfleisch oder Schinken vermischt, mit Sahne oder Milch verquirlte Eier darüber, etwas geriebener Käse – und ab in den Backofen! Es müssen keine raffinierten Zutaten sein, nur die Zusammenstellung muß stimmen.

66

Nudel-Zwiebel-Gratin

(4 Portionen)

400 g Nudeln
Zwiebeln, je nach Bedarf
(am besten Gemüsezwiebeln)
je 200 g Sahne und Milch
300 g geriebener Emmentaler
Öl oder Butterschmalz
Salz

Die Nudeln bißfest kochen oder Nudelreste verwerten. Inzwischen feine Zwiebelringe schneiden, in der Pfanne mit Öl oder Butterschmalz leicht bräunen. Sahne und Milch in einen Topf geben und einen Teil vom Emmentaler darin schmelzen, zum Kochen bringen. Die Nudeln mit den Zwiebeln und dem Käse-Sahne-Gemisch in eine Auflaufform geben, den restlichen Käse darüberstreuen. Bei 200° überbacken, bis der Käse bräunt.

 40 Min. *7 DM*

Katrin Bergmann ▪ Köln ▪ zwei Kinder – 15 und 18 Jahre

Nudelauflauf
(4 Portionen)

Nudeln bißfest kochen. Schinken in Würfel, Tomaten in Scheiben schneiden, Gouda reiben. Die Zutaten abwechselnd in eine gefettete Auflaufform geben und jede Schicht würzen. Die Milch mit den Eiern verschlagen und ebenfalls würzen. Diese dann über die Nudeln geben und mit Paprika und Käse bestreuen.

Bei 180° ca. 30 Min. überbacken.

300 g Nudeln
4–6 Scheiben gek. Schinken
2–3 Tomaten
100 g Gouda
Salz, Pfeffer
1 Bd Basilikum
250 ml Milch
3 Eier
Muskat, Paprika edelsüß

 60 Min. 9 DM

Gisela Hardes ▪ Brilon ▪ drei Kinder – 16, 13 und 8 Jahre

Vollkorn-Spaghetti-Auflauf

(4 Portionen)

250 g Vollkornspaghetti
1 Zwiebel
2 – 3 Möhren
400 g Hackfleisch
$\frac{1}{8}$ l Brühe
1 El Tomatenmark
Salz, Pfeffer, Oregano
150 g Gouda (geraspelt)

Die Nudeln bißfest kochen. Zwiebel und Möhren schälen und würfeln bzw. raspeln. Hackfleisch anbraten, das Gemüse mitbraten, Brühe und Tomatenmark hinzufügen und würzen. 10 Min. schmoren, bis die Flüssigkeit verdampft ist. Alle Zutaten in eine Auflaufform geben und mit dem Gouda bestreuen. 10 Min. überbacken.

 40 Min.   8 DM

Gisela Hardes ▪ Brilon ▪ drei Kinder – 8, 13 und 16 Jahre

▪ **Varianten**

Man kann diesen Auflauf mit vielerlei Gemüse zubereiten, je nachdem, was der Kühlschrank und die Jahreszeit gerade anbieten:
- Zucchini und Tomatenstücke (frisch oder aus der Dose)
- Gedünstete Paprikawürfel und 1 Dose rote Bohnen
- Auberginen und Tomaten

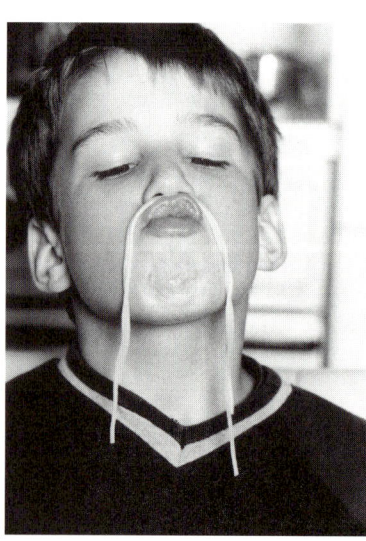

68

Spinat-Nudel-Auflauf

(3 Portionen)

Nudeln bißfest kochen. In der Zwischenzeit Spinat mit Zwiebel und Knoblauch andünsten. Gewürze und Sahne zugeben. Feta kleinschneiden. Alles in eine Auflaufform schichten, mit Nudeln beginnen und aufhören. Darüber den geriebenen Käse streuen. Bei 185° ca. 30 Min. überbacken.

250 g Nudeln (Spiralen oder Rigatoni)
250 g Tk-Spinat
1 kleine Zwiebel
2 Knoblauchzehen
150 g Feta
1 Ts Sahne
Fett zum Dünsten
Pfeffer, Muskat
200 g geriebener Gouda oder Emmentaler

 60 Min. *9 DM*

Manuela Manns ▪ Herzogenaurach ▪ dreijähriger Sohn

Käse-Thunfisch-Medley

(4 Portionen)

Milch und Eier miteinander verquirlen, alle anderen Zutaten mischen und in eine gefettete Auflaufform geben. Mit dem Ei-Milch-Mix übergießen und bei 190° ca. 30 Min. backen.

150 ml Milch
3 Eier
1 Ds Thunfisch
100 g geriebener Gouda oder Emmentaler
1–2 gewürfelte Zwiebeln
100 g Tk-Erbsen
200 g kleingeschnittene Champignons
1 Tüte Chips (klein drücken)

 50 Min. *9 DM* *Thunfisch nur hin und wieder*

Barbara Richards ▪ Emmerich

69

Schneller Brotauflauf

(3 Portionen)

5 dicke Scheiben Brot oder 5 Brötchen
50 g geriebener Käse
(Gouda oder Emmentaler)
je ½ rote und gelbe Paprikaschote
1 kleiner Zucchino
Pfeffer, Salz
frische oder getrocknete italienische
Kräuter (z. B. Oregano, Rosmarin,
Thymian, Basilikum)
2 Eier
100 g Crème fraîche
⅛ l Gemüsebrühe
Pfeffer, Prise Salz

Das Brot in grobe Würfel schneiden, in eine gefettete Auflaufform füllen. Den geriebenen Käse darüberstreuen. Die Paprikaschoten und Zucchini klein würfeln und darüber geben. Mit Pfeffer, Salz und den Kräutern bestreuen. Eier, Crème fraîche und Brühe verquirlen, über den Auflauf gießen und bei 170° ca. 20 Min. backen, dann noch 10 Min. im ausgeschalteten Ofen stehen lassen.

 50 Min.   🐷 5 DM

Marika Siegrist ▪ Karlsruhe

■ **Resteverwertung**

Hervorragende Resteverwertung für altes Brot oder Brötchen, die Gemüsesorten sind je nach Saison und Vorlieben variabel.

Kartoffelgratin

(4 – 6 Portionen)

1 kg Kartoffeln
1 – 2 Knoblauchzehen
je 200 g Sahne und Milch
geriebener Gouda oder Emmentaler
zum Überbacken

In einem Topf etwa eine Tasse Wasser aufkochen. Geschälte und in Scheiben geschnittene Kartoffeln hineingeben. Knoblauch darüberpressen. Sahne und Milch dazugießen, aufkochen und ca. 10 Min. unter gelegentlichem Umrühren köcheln lassen. Alles in eine Auflaufform oder eine Saftpfanne geben. Den Käse darüberstreuen. Bei 200° im Backofen ca. 30 Min. überbacken, bis der Käse bräunt.

 60 Min.   5 DM

Katrin Bergmann ▪ Köln ▪ zwei Kinder – 15 und 18 Jahre

70

Linsenauflauf

(4 Portionen)

Linsen in Gemüsebrühe gar kochen (oder Linsen aus der Dose, wenn es schnell gehen muß), abgießen. Frühlingszwiebeln oder Lauch in feine Ringe schneiden und in etwas Öl andünsten. Salzen, pfeffern. Die Sonnenblumenkerne in einer Pfanne ohne Fett rösten. Davon die Hälfte mit dem Lauch und der Hälfte vom Schmand unter die Linsen heben. In eine gefettete flache Form geben. Den geriebenen Käse mit den restlichen Sonnenblumenkernen vermischen und über die Linsen streuen. Den restlichen Schmand in kleinen Häufchen auf dem Auflauf verteilen. Bei 180° ca. 30 Min. überbacken.

300 g Linsen
1 Bd Frühlingszwiebeln oder
2 kleine Lauchstangen
Öl
1 Becher Schmand
75 g Sonnenblumenkerne oder Kürbiskerne
Salz, Pfeffer
geriebener Gouda oder Emmentaler zum Überbacken

 70 Min.   *6,50 DM*

71

Lauchgratin

(4 Portionen)

Lauchstangen putzen, in feine Ringe schneiden. Die Äpfel schälen und grob raspeln. Lauch in Öl andünsten und die Äpfel untermischen. Die Sonnenblumenkerne ohne Fett anrösten. Quark, Sahne und Eier verquirlen, mit Salz, Pfeffer und Muskat würzen. Einen Teil der Sonnenblumenkerne unter die Lauch-/Apfelmischung mengen, in eine gefettete Auflaufform geben und mit den restlichen Sonnenblumenkernen bestreuen. Die Quarkmasse darübergießen. Bei 200° ca. 40 Min. überbacken.

3–4 Stangen Lauch
2 Äpfel
4 El Öl
200 g Sonnenblumenkerne
200 g Magerquark
200 g Sahne
4 Eier
Salz, Pfeffer
geriebene Muskatnuß

 70 Min.   *9,50 DM*

Irmela Hannover ▪ Köln ▪ drei Kinder – 14, 8 und 3 Jahre

Beerenauflauf »Bärenstark«

(4 Portionen)

*500 g Beeren der Saison (Johannis-,
Brom-, Stachel- und Heidelbeeren)
750 g Quark
6 El Honig
3 Eier
1–2 El Milch
etwas Vanillezucker oder –pulver
100 g gehackte Haselnüsse
100 g gehackte Walnüsse*

Nüsse in einer Pfanne kurz anrösten und mahlen. Quark, Honig und Eier glattrühren. Vanillezucker (bzw. -pulver) in Milch anrühren und mit den Nüssen und der Quarkmasse mischen. Eine Auflaufform mit Butter ausstreichen und schichtweise mit der Quarkmasse, dem Obst und den Nüssen auffüllen. Die letzte Schicht bildet der Quark. Auflauf bei 180° etwa 40 Min. backen. Mit einigen frischen Früchten verziert warm servieren. Er kann natürlich auch kalt noch verzehrt werden!

 60 Min. *8 DM*

Iris Eberhard ▪ Arnsheim ▪ Lieblingsrezept ihrer Nichten und Neffen

Obstauflauf

(4 Portionen)

*500 g gemischtes Obst der Saison
2 Eier
40 g Zucker oder Honig
75 g Weizenmehl
75 g Hirsemehl
400 ml Milch
1 Prise Salz
1 El Puderzucker
1 Tl Zimt
1 El Butter*

Obst waschen, evtl. schälen oder entsteinen und grob zerkleinern. Eier trennen, Eigelb mit Zucker schaumig rühren. Mehl und Milch unterrühren, bis ein glatter Teig entsteht. Eiweiß mit Salz zu Schnee schlagen und unter den Teig heben. Eine feuerfeste Form mit Butter ausstreichen, das Obst mit dem Teig einfüllen und ca. 35 Min. backen. Danach den Auflauf noch 1 Min. ziehen lassen. Mit Puderzucker und Zimt bestreuen.

 70 Min. *5 DM*

Heike Dübner ▪ Meezen

Fisch-, Geflügel- und Fleischgerichte

Am Fleisch scheiden sich die Geister der Ernährungslehren. Es ist noch nicht allzulange her, da hielt man Fleisch in der Ernährung für unverzichtbar, seinen Gehalt an hochwertigem Eiweiß, Vitamin B und Eisen durch kein anderes Lebensmittel zu ersetzen. Doch Massentierhaltung, BSE, Antibiotika- und Schadstoffrückstände im Fleisch, v. a. in den Innereien, haben ein Umdenken bewirkt. Einhellig wird empfohlen, weniger Fleisch zu essen und darauf zu achten, möglichst artgerecht erzeugtes Fleisch zu kaufen. Es sollte Beilage und nicht Hauptbestandteil der Mahlzeit sein.

Wenn Kinder sich entscheiden, kein Fleisch zu essen, weil sie nicht möchten, daß ein Tier dafür getötet wird, sollten Eltern diese Entscheidung respektieren, auch wenn sie Einkauf und Küchenplan dafür umstellen müssen. Unter Ernährungswissenschaftlern ist unumstritten, daß Milchprodukte, Fisch, Eier, Gemüse und Getreideprodukte ein vollwertiger Ersatz sind.

Wenn allerdings auf sämtliche tierischen Lebensmittel verzichtet werden soll, wird eine ausgewogene Ernährung des Kindes problematisch und es kann zu schweren Entwicklungsstörungen kommen.

Fisch ist gesund: Er ist eine wichtige Eiweiß- und Jodquelle, leicht bekömmlich und wird von Ernährungsexperten empfohlen. Doch in der Kinderküche ist es oft ein heikles Terrain: »Will ich nicht, schmeckt so fischig«, »iih, die ollen Gräten«, klingt es in so manchem Elternohr – es sei denn, man wirft die heißgeliebten Fischstäbchen in die Pfanne – ein Wunsch, dem man im übrigen ruhigen Gewissens hin und wieder nachgeben sollte. So mancher erwachsene Gourmet hat sich schon als heimlicher Fan von Fischstäbchen, Kartoffelpüree und Spinat »geoutet«.

Die zugesandten Rezepte zeigen indessen, daß beim Thema »Frischfisch« schmackhafte Überzeugungsstrategien gefunden wurden.

73

■ **Tip**

In jedem Fall empfiehlt es sich, die Filets vor der Zubereitung gründlich nach Gräten abzusuchen.

■ **Hinweis**

Schmackhafte Beilagen zu paniertem Fischfilet finden Sie im Kapitel »Gemüseallerlei – Hauptgerichte und Beilagen« (S. 84 ff.).

Überbackenes Seelachsfilet

(4 Portionen)

500 g Seelachsfilet
2 kleine Zwiebeln
4 Tomaten
Kräutersenf
Butter
Kräutersalz

Zwiebeln und Tomaten kleinschneiden, jeweils die Hälfte in eine Auflaufform geben. Das Seelachsfilet auf beiden Seiten großzügig mit Kräutersenf bestreichen und in die Auflaufform legen. Restliche Tomaten und Zwiebeln auf dem Fisch verteilen, mit Kräutersalz bestreuen, Butterflöckchen und evtl. etwas Gemüsebrühe dazu. Bei 200° 30 Min. überbacken.
   Dazu Pellkartoffeln.

 50 Min.    *11 DM*

Annette Gehring ■ Steinfurt ■ drei Kinder

Fisch mit Soße

(4 Portionen)

3 – 4 Fischfilets (Rotbarsch, Seelachs
oder Kabeljau)
1 Bd Suppengrün
1 Zwiebel
Butter
½ l Gemüsebrühe
Speisestärke, Sahne oder Crème
fraîche nach Geschmack
Dill oder Meerrettich
Salz, Zitronensaft

Fisch mit Zitronensaft beträufeln und etwas ziehen lassen. Salzen. Zwiebel fein würfeln, Suppengrün putzen und kleinschneiden. Zwiebel in einer Pfanne mit Butter andünsten, das Suppengrün kurz mitdünsten. Mit Gemüsebrühe auffüllen und ca. 10 Min. garen. Den gesalzenen Fisch dazugeben, ca. 10 Min. garziehen lassen. Dann den Fisch kurz herausnehmen und die Gemüsesoße mit angerührter

74

Speisestärke andicken und mit Sahne bzw. Crème fraîche und Dill oder Merrettich abschmecken.

Dazu Salzkartoffeln oder Bandnudeln reichen.

 40 Min.   *11 DM*

Marianne Rohlinger ▪ Bonn ▪ zwei Kinder – 10 und 12 Jahre

Kabeljaufilet mit Reiskruste
(4–6 Portionen)

Fischfilet waschen, trockentupfen, salzen und mit etwas Zitronensaft beträufeln. Eine ofenfeste Form ausfetten. Gemüse putzen. Lauch in feine Ringe schneiden, in der heißen Butter andünsten. Möhre fein raspeln, unter den Lauch mischen, salzen und pfeffern. Die Gemüsemischung mit Reis, Petersilie und Käse vermengen, abschmecken.

Fisch in vier gleich große Stücke teilen, in die Form legen. Die Reismasse darauf verteilen. Im Backofen bei 175° ca. 30 Min. backen.

600 g Kabeljaufilet
Salz
1–2 El Zitronensaft
1 Lauchstange
1 große Möhre
1 El Butter
schwarzer Pfeffer
300 g gekochter Naturreis
2 El feingehackte Petersilie
75 g frisch geriebener Emmentaler

75

 60 Min.   *12 DM*

Kerstin Thiele ▪ Butzbach ▪ zweijährige Tochter

Paella

(3–4 Portionen)

¹/₂ l Gemüsebrühe
200 g Vollkornreis
2 Paprikaschoten
1 Knoblauchzehe
1 Zwiebel
300 g Fischfilet
3 El Olivenöl
100 g Tk-Erbsen
4 Tomaten
Salz, Pfeffer, Curry

Den Reis in Gemüsebrühe nach Anweisung garen. Paprika in Würfel schneiden, Zwiebel und Knoblauch hacken und alles in Olivenöl anbraten. Fisch waschen, entgräten, würfeln und in der Pfanne mitgaren. Erbsen, gewürfelte Tomaten und Reis unterheben. Mit Salz, Pfeffer und Curry abschmecken.

 30 Min. 10 DM

Kerstin Thiele ▪ Butzbach ▪ zweijährige Tochter

Fenchel-Fisch-Suppe

(4 Portionen)

3–4 Fenchelknollen
30 g Butter oder Margarine
³/₄ l Gemüsebrühe
Salz, Pfeffer, Zucker
500 g Rotbarschfilet (frisch oder Tk)
2 Zitronenscheiben
1 Bd Dill

Fenchel putzen, waschen, längs halbieren. Die Fenchelhälften in Scheiben schneiden, in Butter andünsten, Gemüsebrühe angießen und zugedeckt 10–15 Min. bei geringer Hitze ziehen lassen. Mit Salz, Pfeffer und einer Prise Zucker abschmecken. Den Fisch in einem anderen Topf mit den Zitronenscheiben in leicht köchelndem Salzwasser ca. 8 Min. ziehen lassen. Mit einer Schaumkelle herausnehmen, in Stücke teilen und zum Fenchel geben. Mit gehacktem Dill und Fenchelgrün bestreuen.

 30 Min. 13 DM

Irmela Hannover ▪ Köln ▪ drei Kinder – 14, 8 und 3 Jahre

Lachssoße für Feiertage
(4 Portionen)

Die Lachsfilets in etwas Gemüsebrühe dünsten. In einem anderen Topf die Sahne und den Frischkäse verrühren und zum Kochen bringen. Mit Tomatenmark, Salz und Pfeffer abschmecken. Die fertigen Filets in mundgerechte Stücke zerteilen und in die Soße geben.

Besonders gut passen Bandnudeln dazu.

400 g frischer Lachs oder
1 Pk Tk-Lachsfilet
1 Ts Gemüsebrühe
200 g Sahne
1 Pk Frischkäse
1–2 El Tomatenmark
Salz, Pfeffer

 20 Min.   *15 DM*

Katrin Bergmann ▪ Köln ▪ zwei Kinder – 15 und 18 Jahre

Forellenmus für kleine und große Gourmets
(2–4 Portionen)

Forellenfilets mit dem Saft einer halben Zitrone, etwas Joghurt, Salz und Pfeffer mit dem Pürierstab fein pürieren. Schmand und restlichen Joghurt unterheben. Abschmecken, fertig!

Dazu geröstetes Brot oder Baguette und ein frischer Salat.

1 Pk geräucherte Forellenfilets
(= 2 Filets)
Zitronensaft
Salz, Pfeffer
2 El Schmand
2 El Joghurt

 15 Min.   *4 DM*

Putengeschnetzeltes »Gutschmeckerle«
(4 Portionen)

2 Putenschnitzel (ca. 300 g)
½ Pk Tk-Erbsen
100 g Champignons
1 kl. Ds geschälte Tomaten
Oregano, Basilikum
1 kl. Zwiebel
1 El Öl
100 ml Sahne
Salz, Pfeffer

Zwiebel fein würfeln, in Öl glasig dünsten. Schnitzel in feine Streifen schneiden, dazugeben und anbraten. Tomaten klein hacken, mit dem Saft und den Kräutern einrühren, aufkochen lassen. Erbsen und in feine Scheiben geschnittene Champignons dazugeben, ca. 10–15 Min. köcheln lassen. Dann die Sahne hinzugeben und noch etwas ziehen lassen.

Mit Reis oder Nudeln servieren.

 35 Min.   9 DM

Margrit Hehr ▪ Kandel ▪ vier kleine »Meckerer«

Geflügelgeschnetzeltes mit Obst-Curry-Soße und Reis
(4 Portionen)

500 g Hähnchen- oder Putenschnitzel
1 Knoblauchzehe
Pfeffer, Curry
1 gr. Ds Obstcocktail mit Saft
etwas frischgepreßter Orangensaft
2 Bananen
100 g Sahne

Fleisch schnetzeln, mit durchgepreßtem Knoblauch und den Gewürzen anbraten. Den Obstcocktail mit Saft, Orangensaft und die in Stückchen geschnittenen Bananen dazugeben, kurz köcheln lassen und ggf. andicken. Die Sahne dazugießen und abschmecken.

Dazu schmeckt Reis und ein Eisbergsalat mit Sahne- oder Joghurtsoße.

 20 Min.   11 DM

Eva Nolte-Thissen ▪ Wiesbaden ▪ zwei Kinder

78

Geflügelsalat

(4 Portionen)

Fleisch in schmale Streifen schneiden und knusprig braten. (Man kann auch das abgekühlte Fleisch von einem gekochten Huhn verwenden. Aus der Brühe kann man eine Suppe zubereiten.) Mit trocken gerösteten Erdnüssen, geraspelten Möhren, fein geraspeltem Weißkohl, den gekochten Nudeln und dem gezupften Eisbergsalat mischen.

Der Salat läßt sich mit verschiedenen Marinaden servieren:

- Öl, Essig, Salz und Pfeffer
- Gemüsebrühe mit einem Schuß Sojasoße und Honig
- Joghurtmayonnaise

300 g Geflügelfleisch
100 g Erdnüsse
2 – 3 Möhren
½ Weißkohl
300 g Nudeln
Eisbergsalat

 40 Min. *9 DM*

79

Curryhuhn mit Banane

(4 Portionen)

Hühnerbrust mit Suppengrün ca. 30 Min. kochen. Das Fleisch herausnehmen und auslösen (kann man schon am Abend zuvor erledigen). 1 – 2 El Curry in den kochenden Sud geben, darin den Reis gar kochen. Das Hühnerfleisch in Butter kross anbraten. Danach den gekochten Reis dazugeben. Mit Salz abschmecken. In einer separaten Pfanne die halbierten Bananen in Butter braten, auf das Curry-Huhngericht legen und servieren.

1 Hühnerbrust
250 g Reis
Salz
1 – 2 El Curry
1 Bd Suppengrün
Butter
2 Bananen

 40 Min. *8 DM*

Kerstin Heyden-Fuchs ▪ Essen-Haarzopf

Hühnerfrikassee mit Reis und Apfelmus

(4 Portionen)

1 Hähnchenbrust mit Knochen
1 Zwiebel
1 Möhre
etwas Lauch
1 Tl getr. Estragon
Saft ½ Zitrone
1 Prise Zucker
½ Becher Schmand
1 El Butter
1 El Mehl

Hähnchenbrust mit Zwiebel, Möhre, Lauch und Estragon in kochendem Wasser ca. 30 Min. gar kochen. Fleisch vom Knochen lösen und kleinschneiden. In einem anderen Topf Butter erhitzen, Mehl dazugeben, mit dem Schneebesen verrühren. Mit der Hühnerbrühe ablöschen. Mit Zitronensaft, Salz und Zucker abschmecken und Schmand unterrühren. Zum Schluß das Fleisch hineingeben.

Dazu passen Nudeln, Reis oder Salzkartoffeln. Und Apfelmus.

 50 Min.  7,50 DM

Ulrike Klein ▪ Hilden ▪ erfahrene Mutter und Oma

Geschnetzeltes mit Bulgur

(4 Portionen)

250 g Bulgur
400 g Putengeschnetzeltes
2 El Mehl
1 Tl Kräutersalz
1 Tl Paprikapulver
Pfeffer
2–3 El Butter oder Margarine
100 ml Wasser
200 ml Sahne
1 Paprikaschote
300 g Sauerkraut

Bulgur mit 1 Tl Salz anrösten, mit knapp einem halben Liter Wasser angießen, aufkochen und bei geschlossenem Deckel und kleiner Hitze ausquellen lassen. Das Geschnetzelte in Mehl, Salz, Paprika und Pfeffer wenden. In 2 El Fett anbraten, bis das Fleisch bräunt. Mit 100 ml Wasser und der Sahne angießen, leicht köcheln lassen.

Paprika putzen und kleinwürfeln. Sauerkraut ebenfalls kleinschneiden. Beides unter das Geschnetzelte ziehen, etwa 5 Min. mitkochen lassen, abschmecken. Unter den Bulgur 1 El Butter ziehen, zum Geschnetzelten reichen.

 40 Min.   10 DM

Ina Reiß ▪ Kriedberg

80

Tomatenschnitzel
(4 Portionen)

Paprikaschoten waschen, putzen und würfeln. Schnitzel mit Salz, Pfeffer und Paprika von beiden Seiten einreiben. In Mehl wenden. Die Schnitzel in Butter von beiden Seiten kurz anbraten. Paprikawürfel dazugeben und einige Minuten weiterbraten. Wenn das Fleisch braun wird, den Tomatensaft dazugeben und alles bei mittlerer Hitze noch etwa 8 Min. schmoren lassen. Die Sahne unterrühren, mit Salz abschmecken.

Für Gemüsemuffel die Schnitzel herausnehmen und die Soße mit dem Pürierstab cremig pürieren.

Als Beilage: Kartoffeln oder Reis.

2 rote Paprikaschoten
4 Schweineschnitzel
Salz, Pfeffer
1/2 Tl mildes Paprikapulver
2 El Mehl
30 g Butter
1/2 l Tomatensaft oder eine entsprechende Menge Tomatenmark
3 El Sahne

 30 Min.   *10 DM*

Gisela Hardes ▪ Brilon ▪ drei Kinder – 16, 13 und 8 Jahre

»Gack-Gack«
(4 Portionen)

Hähnchenbrust kleinschneiden und in Öl anbraten. Mit Salz und Pfeffer würzen, Sahne dazugießen, Currypulver einrühren und abgetropfte Mandarinen dazugeben. Sahne einkochen lassen, bis sie eine cremige Konsistenz erreicht hat. Dazu Reis, Kartoffeln, Püree oder Nudeln reichen. Manchmal reicht auch eine Scheibe Brot dazu. Den Saft der Mandarinen mit 1 El Zucker und Quark verrühren. Fertig ist das Dessert.

1 Hähnchenbrust
1 Ds Mandarinen
200 ml Sahne
1 El Öl
Salz, Pfeffer
1/2 Tl Currypulver
Quark für den Nachtisch

 20 Min.   *8 DM*

Andrea Kerl ▪ Sinzig ▪ zwei Kinder – 4 Jahre und 19 Monate

Bratwurst indisch

(2 Portionen)

300 ml Wasser
je 20 g Butter und Mehl
gekörnte Gemüsebrühe
Curry
je 1 Prise Salz und Zucker
1 El Zitronensaft
1 Stück frische Bratwurst
1 große Banane
1 Becher Joghrt
1 Ts Reis

Butter in einem Topf schmelzen, Mehl einrühren und mit 300 ml Wasser ablöschen. Etwas gekörnte Brühe, Curry, Prise Salz und Zucker sowie Zitronensaft dazu. Aus der Bratwurst direkt in die leicht köchelnde Soße kleine Klößchen herausdrücken. Nach 10 Minuten die in kleine Stücke geschnittene Banane hineingeben. Zum Schluß vorsichtig Joghurt unterheben.

Dazu Reis servieren.

 20 Min. 4,50 DM

Ursula Möltgen ▪ Wuppertal

Bunte Pfanne

(2 Portionen)

200 g Hackfleisch
2 Möhren
1/2 grüne Paprika
1/4 Gurke
1 Tomate
1 Ts Gemüsebrühe
etwas Sahne
Salz, Pfeffer

Das Gehackte in einer Pfanne anschmoren, darauf die klein gewürfelten Möhren schichten, dann gewürfelte Paprika, Gurke und Tomate. Mit der Brühe aufgießen, Deckel auf die Pfanne und bei kleiner Stufe garziehen lassen. Zum Schluß mit etwas Sahne verfeinern, mit Salz und Pfeffer abschmecken.

 30 Min. 5 DM

Anneliese Schmidt ▪ Wuppertal ▪ Enkelin Mia, 3 1/2 Jahre, schnippelt bei diesem Gericht gerne mit

82

Chinesische Fleischklöpschen

(2 – 3 Portionen)

Nudeln kochen. Hack mit Sojasoße und Eiern mischen. Mit Salz und Pfeffer abschmecken. Zu kleinen Klopsen formen (etwa Walnußgröße) und anbraten. Dann Lauch und Möhren zugeben und ca. 10 Min. garen. Den Bratensatz mit etwas Wasser und Ketchup ablösen und andicken. Unter die Nudeln heben. Fertig!

 30 Min.   *4,50 DM*

Pfadfinderstamm Argonauten ▪ Stefanie Hoss ▪ Köln

200 g Nudeln
250 g Hackfleisch
1 El Sojasoße
1 – 2 Eier
50 g Lauch, kleingehackt
100 g Möhren in kleinen Scheiben
2 El Ketchup
Fett zum Anbraten
Salz, Pfeffer

83

Gemüseallerlei – Hauptgerichte und Beilagen

Gemüse: für Kinder eine reine Provokation! Hartnäckig hält sich das Vorurteil, daß Kinder Gemüse kategorisch ablehnen. Dabei ist es oft nur eine Frage der Zubereitung: ob roh oder gekocht, mit oder ohne Soße, püriert oder mit »Biß«. Vielleicht ist aber auch einfach die richtige Sorte noch nicht gefunden. Selbst wenn das Kind zeitweise nur eine einzige Gemüsesorte akzeptiert (meistens ist es die gute alte Kartoffel): keine Sorge! Obst schafft vorübergehend den nötigen Ausgleich. Mit Gesundheitsargumenten läßt sich ein Kind nicht überreden, und Druck provoziert nur Widerstand. Den Eltern bleibt also nur eines übrig: beharrliches Ausprobieren und Gelassenheit.

Maiskolben mit Paprika-Bohnenmus
(4 Portionen)

4 Maiskolben
1 rote Paprikaschote
1 gr. Ds rote Bohnen
$^1/_8$ l Gemüsebrühe
Rosenpaprika
1 Knoblauchzehe
1 Bd Petersilie/Schnittlauch
Butter, Olivenöl
Salz, Pfeffer

Die Maiskolben in leicht gesüßtem Wasser ca. 15–20 Min. garkochen. Inzwischen die gewürfelte Paprikaschote in Olivenöl andünsten, etwas Paprikapulver darüberstreuen. Brühe angießen und 5 Min. köcheln lassen. Die Bohnen zu den Paprikawürfeln hinzugeben, aufkochen lassen, dann das Gemüse pürieren. Mit durchgepreßtem Knoblauch, Salz und Pfeffer abschmecken. Mit Schnittlauchröllchen oder gehackter Petersilie bestreuen.

Die Maiskolben abgießen, mit Butter bestreichen und zum Bohnenmus servieren.

Wer es mag, kann die Maiskolben mit einem Klacks Kräuterbutter noch 10 Min. in Alufolie überbacken.

 30 Min. 10 DM

Kühlschrankfeger – für alle großen und kleinen Gemüsereste

(4 Portionen)

Kartoffeln und Möhren schälen, in Stifte schneiden und mit einem Viertel Liter Gemüsebrühe angießen. 10 Min. garen. Umrühren und die geputzten kleinen Blumenkohlröschen dazugeben. Noch einmal 10 Min. garen.

Für die Soße gewürfelten Schinken und feingehackte Zwiebel kurz in der Pfanne anbraten, mit Mehl bestreuen und goldgelb werden lassen. Die restliche Gemüsebrühe unter ständigem Rühren langsam angießen. Sahne zufügen und kurz aufkochen lassen. 10 Min. unter gelegentlichem Umrühren einkochen. Mit Pfeffer, Salz, Muskat und Paprika abschmecken.

In der Zusammenstellung der Gemüse sind der Phantasie keine Grenzen gesetzt. Eventuelle Reste kann man am nächsten Tag mit geriebenem Käse, Semmelbröseln und Butterflöckchen bestreut überbacken.

Soßenvariante: Quark-Schnittlauch- oder Schmand-Kräuter-Soße.

500 g Kartoffeln
1/2 Blumenkohl
400 g Möhren
1/2 l Gemüsebrühe

Für die Soße:
1 kleine Zwiebel
40 g gekochter Schinken
20 g Mehl
Butter
125 g Sahne
Salz, Pfeffer, Muskatnuß, Paprika

85

 40 Min. *5 DM*

Claudia Mandelartz ▪ Rösrath ▪ zwei Kinder – 1½ und 4 Jahre

Wirsing mit Schnittlauchsahne

(4 Portionen)

Wirsing putzen, waschen, vierteln, den Strunk herausschneiden. Wirsing in schmale Streifen schneiden, in Butter andünsten, würzen. Brühe und Sahne dazugießen. Bei schwacher Hitze zugedeckt 15 Min. garen. Speck fein würfeln und knusprig ausbraten. Eigelb

1 Wirsing
50 g Butter oder Margarine
Salz, Pfeffer, Senf
1/4 l Gemüsebrühe
1/4 l Sahne
200 g Schinkenspeck
2 Eigelb
1 Bd Schnittlauch

verquirlen, Wirsing von der Kochstelle nehmen und das Eigelb einrühren. Schnittlauchröllchen und Speck hinzufügen. Evtl. mit einem TI Senf abschmecken.

Dazu schmecken Pellkartoffeln, hartgekochte Eiviertel oder Baguette.

 30 Min.   *8 DM*

Irmela Hannover ▪ Köln ▪ drei Kinder – 14, 8 und 3 Jahre

Wirsing-Rouladen
(4 Portionen)

8 Wirsingblätter
4 dünne Scheiben Schinken
4 dünne Scheiben junger Gouda
30 g Butter
250 g Tomatenpüree oder
Tomatenstückchen
1/8 l Gemüsebrühe
1 Bd Schnittlauch
Salz, Pfeffer, Prise Zucker

Wirsingblätter waschen, kurz in kochendem Salzwasser blanchieren. Jeweils 2 Blätter übereinanderlegen. Darauf je eine Scheibe Schinken und Käse legen. Die Roulade vorsichtig aufrollen, mit Zahnstochern zusammenstecken und in einem Topf kurz andünsten.

Tomatenpüree mit Brühe verrühren, dazugießen und 10 Min. zugedeckt garen. Mit Salz, Pfeffer und Zucker abschmecken. Mit Schnittlauchröllchen bestreut servieren.

 30 Min.   *6,50 DM*

▪ **Varianten**

- Statt Wirsing: Mangoldblätter.
- Eine Füllung aus Reis, gehackten Nüssen/Mandeln und geriebenem Käse.
- Eine Füllung aus Reis, angedünsteten Zwiebeln und Champignons.

Paprikagemüse mit geräuchertem Tofu
(4 Portionen)

Gemüse fein würfeln, in etwas Öl anbraten und mit etwas Gemüsebrühe angießen. Tofu in feine Streifen schneiden und zugeben. Das ganze ein paar Minuten köcheln lassen, Sahne zugießen. Mit Salz und Pfeffer abschmecken.

Dazu Nudeln, Reis oder ein Vollkornbrötchen.

  20 Min.   7 DM

Irmela Hannover ▪ Köln ▪ drei Kinder – 14, 8 und 3 Jahre

je 1 rote und grüne Paprika
3–4 Möhren
2 Schalotten oder Zwiebeln
1 Ts Gemüsebrühe
250 g geräucherter Tofu
1 Becher Sahne

87

Gebratene Grießklößchen auf Tomatengemüse
(für 2 Erwachsene und 1 Kind)

Ein Viertel Liter Wasser, 40 g Butter, Salz, Pfeffer und Muskat aufkochen. Grieß einstreuen und rühren, bis er sich als Kloß vom Topfboden löst. Etwas abkühlen lassen. Sonnenblumenkerne grob hacken, ohne Fett in einer Pfanne rösten und zum Grieß geben. Eier unterrühren. Mit 2 Eßlöffeln etwa 12 Klößchen abstechen und in Salzwasser etwa 10 Min. garziehen lassen.

Für das Gemüse Tomaten waschen und vierteln. Zwiebel und Knoblauch würfeln und in heißem Öl glasig dünsten. Tomaten hinzufügen und ca. 3 Min. dünsten. Mit Salz, Pfeffer und Zucker abschmecken. Die gut abgetropften Klößchen im restlichen Fett leicht bräunen und auf dem Gemüse anrichten. Basilikum waschen, kleinschneiden und darüberstreuen.

  40 Min.   5 DM

Kerstin Brinkmann ▪ Wickede ▪ zweijährige Tochter

^{1}/$_4$ l Wasser
60 g Butter oder Margarine
Salz, Pfeffer, Muskat
130 g Vollkorngrieß
2 El Sonnenblumenkerne
2 Eier
600 g Tomaten
1 Zwiebel
1 Knoblauchzehe
2 El Öl
1 Prise brauner Zucker
^{1}/$_2$ Bd Basilikum

Gemüsemedaillons

(3 Portionen)

1 Kohlrabi (oder anderes
Knollengemüse)
1 Zucchino oder
¹/₂ Gurke

Teig:
5 gehäufte El Dinkelmehl
5 geh. El Reismehl (bindet ohne Eier)
3 El kalt geschlagenes Distel-,
Sonnenblumen- oder Sesamöl
Salz
Öl zum Ausbacken

Gemüse schälen und in Scheiben schneiden. Aus Mehl, Salz und Öl den Teig zubereiten und soviel Wasser zugeben, daß ein dickflüssiger Pfannkuchenteig entsteht.

Öl in der Pfanne heiß werden lassen, die Gemüsescheiben im Teig wenden und in die Pfanne geben. Auf beiden Seiten hellbraun ausbacken.

Vorsicht: Die Hitze so regeln, daß die Gemüsescheiben garen, bevor der Teig zu dunkel wird.

Dazu paßt ein grüner Salat oder ein Gemüsepüree.

■ **Tip**

Man kann die Medaillons auch als Pausenbrot in einer Frischhaltedose mit in die Schule geben. Sie werden dann aus der Hand gegessen.

Natürlich kann man auch »Apfelscheiben im Schlafrock« auf diese Weise ausbacken, wenn Eier und Milch verboten sind.

 40 Min. 4 DM

Hedi Nikolaus-Geiser ▪ Bergen/Niederlande ▪ für eine Hypoallergen-Diät (tiereiweißarm) bei Kindern mit Neurodermitis, Asthma und Heuschnupfen

Tomatengratin
(2 – 4 Portionen)

Tomaten in Scheiben schneiden (Strunk entfernen), in Auflaufform geben. Salzen und pfeffern. Mit Basilikum bestreuen. Mozzarellascheiben darüber legen, mit etwas Olivenöl beträufeln und bei 220° im Backofen gratinieren.

    Dazu passen Bandnudeln oder Baguettebrot.

5 – 6 große Tomaten
1 Mozzarella
1 Bd Basilikum
Salz, Pfeffer
Olivenöl

 30 Min. *6,50 DM*

Antje Radtke ▪ Erzhausen ▪ zweijähriger Sohn

Überbackener Fenchel mit Frischkäsesoße
(4 Portionen)

Fenchel putzen, waschen, längs halbieren, in kochendem Wasser ca. 10 Min. garen. Abkühlen lassen, dann die einzelnen Lagen auseinanderziehen, mit Frischkäse bestreichen, pfeffern und mit der Schnittfläche nach unten in eine gefettete feuerfeste Form schichten. Frischkäse mit Brühe verrühren und über dem Fenchel verteilen. Mandeln darüberstreuen, Butterflöckchen verteilen und bei 180° ca. 25 Min. überbacken.

    Dazu Nudeln, Spätzle oder Reis servieren.

3 – 4 Fenchelknollen
2 Pk Kräuterfrischkäse
Pfeffer
⅛ l Gemüsebrühe
30 g Mandelsplitter
20 g Butter

 60 Min. *9 DM*

Irmela Hannover ▪ Köln ▪ drei Kinder – 14, 8 und 3 Jahre

89

Rote Linsen mit Sahne und Majoran

(2–3 Portionen)

*200 g rote Linsen
1 Zwiebel
20 g Butter
¼ l Gemüsebrühe
Majoran
Salz, Pfeffer
2 Fleischtomaten
100 g Schmand
60 g Gouda*

Zwiebel würfeln und glasig dünsten. Linsen abspülen, mit der Brühe und dem Majoran hinzugeben. Ca. 10–15 Min. köcheln lassen. Mit Salz und Pfeffer abschmecken. Inzwischen Tomaten überbrühen, häuten, entkernen und würfeln (oder Tomatenstückchen aus der Dose). Zu den Linsen geben, Schmand unterrühren, etwas Käse drüberstreuen.

Dazu passen gebratene Polentascheiben (s. Seite 97).

 30 Min.   *4,50 DM*

Gefüllte überbackene Gemüse

Eine klassische Form der Zubereitung und guten Resteverwertung sind gefüllte überbackene Gemüse. Tomaten, Paprika, Gurken und Zucchini eignen sich dazu besonders gut.

Das herausgekratzte und kleingeschnittene Gemüseinnere wird mit Reisresten vom Vortag, Kräuterfrischkäse oder geriebenem Gouda/Parmesan und Kräutern vermengt. Eine Mischung aus Semmelbröseln, Butterflöckchen und gerösteten Kernen darüberstreuen. In den Backofen und bei 180–200° überbacken.

Gemüse und Blätterteig

Blätterteig ist in der flotten Kinderküche vielseitig einsetzbar. Ob pikant oder süß zubereitet, als Tartes, gefüllte Taschen oder Strudel. Man sollte allerdings bedenken, daß beim industriell vorgefertigten

90

Teig gehärtete Fette und Zusatzstoffe wie Emulgatoren und Aromen enthalten sind, deren Verzehr nicht für alle Tage angeraten ist.

Wenn Sie aber etwas mehr Zeit haben, probieren Sie eines der beiden folgenden Rezepte – da wissen Sie, was im Teig drin ist.

Quarkblätterteig

Die Zutaten vermengen und den Teig 1 Stunde im Kühlschrank ruhen lassen.

Die Menge reicht aus für eine normale Tarte-Form.

100 g Butter/Margarine
100 g Magerquark
125 g Mehl
1 Prise Salz

Quarkölteig

Die Zutaten vermengen und den Teig 1 Stunde im Kühlschrank ruhen lassen.

Die Menge reicht aus für ein Backblech oder einen großen Strudel.

150 g Magerquark
4 El Sonnenblumenöl
6 El Milch oder 1 Ei
300 g Mehl
1 Pk Backpulver

Lauchtarte

Blätterteigplatten antauen, Platten nach Bedarf auf ein Backblech oder in eine Auflaufform legen. Die Kanten sollten etwas übereinanderlappen. Lauch putzen, schräg in schmale Ringe schneiden, waschen, tropfnaß in etwas Öl andünsten und auf dem Blätterteig verteilen. 1 Ei mit 1 Becher Sahne oder Schmand verquirlen, mit Salz, Pfeffer und Muskat kräftig würzen und über dem Gemüse verteilen. Mit geriebenem Gouda oder Emmentaler bestreuen und ca. 30 Min. bei 180° überbacken.

Der Gemüsebelag ist natürlich nach Geschmack und dem saisonalen Angebot variabel.

1 Pk Tk-Blätterteig
2 Lauchstangen
1 Ei
1 Becher Sahne oder Schmand
Salz, Pfeffer, Muskat
geriebener Gouda oder Emmentaler

 60 Min.    *7,50 DM*

Strudelrezepte

1 Pk Tk-Blätterteig
400 g Blumenkohl
¹/₂ Bd Schnittlauch
4 El frisch geriebener Parmesan
3 El saure Sahne, Crème fraîche
oder Schmand
Muskat
2 El flüssige Butter

Blumenkohl putzen, in kleine Röschen zerteilen und in wenig Wasser ca. 5–10 Min. bißfest garen. Schnittlauchröllchen mit Parmesan und Schmand unter den Kohl mischen, mit Muskat abschmecken.

Blätterteig auftauen, die Platten übereinanderlegen und zu einem Rechteck ausrollen. Blumenkohl auf dem Teig verteilen, vorsichtig aufrollen, die Enden einklappen und den Strudel auf ein gefettetes Backblech legen. Mit flüssiger Butter bestreichen, mit Sonnenblumenkernen oder Sesam bestreuen und bei 200° ca. 30–40 Min. backen.

Dazu paßt ein Tomatensugo. (Siehe Rezept S. 28.)

 70 Min.   7 DM

92

■ **Varianten**

Die Füllung kann aus verschiedenen Gemüsesorten bestehen, die man entweder über Wasserdampf, in etwas Öl/Butter oder in Gemüsebrühe andünstet, z. B.:

- Lauch mit Champignons oder geraspelten Möhren, Sojasprossen und Erdnußkernen. Die Mischung kann mit Sojasoße abgeschmeckt werden.
- Tk-Blattspinat, in etwas Butter und Knoblauch angeschmort. Danach mit Schafskäse vermischen.
- Weißkohl mit Champignons oder mit Möhren, Lauch und Sojasprossen.
- Wirsing mit Muskat abgeschmeckt.
- Mangold.
- Lecker sind natürlich auch süße Füllungen:
  Äpfel schälen, Kerngehäuse entfernen und mit etwas Wasser, Zitronensaft, abgeriebener Zitronenschale (ungespritzt und unbehandelt) und einer Zimtstange dünsten. Mit Zucker und etwas Zimt abschmecken.
  Dazu paßt Vanillesoße oder -eis, Schmand oder Schlagsahne.

- Was als großer Strudel schmeckt, schmeckt auch als kleine Teigtaschen, die eher für den Transport in einer Frühstücksdose oder zum Picknick geeignet sind. Dazu legt man die aufgetauten Blätterteigplatten übereinander, rollt sie aus und schneidet kleine Rechtecke aus, deren Kanten zum »Verkleben« mit Wasser oder Eiweiß angefeuchtet werden.

Gemüsebeilagen

Gurken-Radieschen-Gemüse

(4 Portionen)

Zwiebeln und Gurken würfeln, Radieschen in Scheiben schneiden, Petersilie hacken. Butter erhitzen, Zwiebel und Gurke kurz andünsten, mit Sahne ablöschen und nur 2 Min. garen. Salzen, Radieschen und Petersilie unterheben und sofort servieren.

2 Zwiebeln
2 Salatgurken
1 Bd Radieschen
1 Bd Petersilie
20 g Butter
$\frac{1}{8}$ l Gemüsebrühe
$\frac{1}{8}$ l Sahne
Salz

 20 Min.   *6,50 DM*

Fenchel-Orangen-Gemüse

(2–3 Portionen)

Zwiebel würfeln, Fenchel halbieren und in dünne Scheiben schneiden, Fenchelgrün und Petersilie hacken. 2 Orangen auspressen, die dritte in Stücke zerteilen (möglichst die Filets aus der Haut lösen). Butter erhitzen, Zwiebel und Fenchel glasig dünsten, Brühe, Orangensaft und Sahne angießen, 3–5 Min. garen. Salzen, Orangenfilets dazugeben, mit Petersilie und Fenchelgrün bestreuen.
   Zu Fisch und Reis servieren.

1 Zwiebel
500 g Fenchel
3 Orangen
20 g Butter
100 ml Gemüsebrühe
100 ml Sahne
etwas Petersilie
Salz

 20 Min.   *5,50 DM*

93

94

Zwiebeln, Äpfel und Tomaten
(2 – 3 Portionen)

je 2 Zwiebeln, Äpfel und Tomaten
20 g Butter
Salz

Zwiebeln in Ringe schneiden, Äpfel in Spalten, Tomaten in dicke Scheiben.

Butter erhitzen, Zwiebeln leicht bräunen, danach in der Pfanne zur Seite schieben und Äpfel wie Tomaten ganz kurz mitbraten, salzen.

Dazu Kartoffelbrei servieren. Paßt auch zu Puten- und Hühnerfleisch.

 20 Min.   3,50 DM

Alle drei Beilagenrezepte von Katrin Liedtke ▪ Saulgau ▪ bei ihren Kindern zu Fisch sehr beliebt

Möhrengemüse mit Honig
(4 Portionen)

750 g Möhren
½ Tl Salz
½ Ts Wasser
1 El Butter
1 El Honig (am besten flüssiger Blütenhonig)
geriebener Käse zum Überbacken

Möhren putzen, waschen und in Scheiben schneiden. In leicht gesalzenem Wasser bei milder Hitze zugedeckt ca. 15 Min. garen. Abgießen. Eine feuerfeste Form mit Butter oder Margarine ausstreichen. Die Möhren in die Form geben, reichlich mit Honig beträufeln und mit geriebenem Käse abdecken. Ca. 15 – 20 Min. überbacken.

Dazu passen Salzkartoffeln und Schnitzel.

 40 Min.   2,50 DM

Marie-Therese Heinen ▪ Erkelenz-Lövenich ▪ »Große Schwester« von zwei Geschwistern, 11 und 14 Jahre

Möhren mit Curry und Orangen

(4 Portionen)

Die Rosinen in Wasser einweichen. Möhren putzen, in dünne Scheiben schneiden. Zwiebel würfeln. Die Orangen über einem Teller
schälen, die Filets herauslösen und in Stücke schneiden. Dabei den
Saft auffangen.

   Zwiebel und Möhren in etwas Öl andünsten. Mit Curry und Mehl
bestäuben, umrühren und mit der Brühe angießen. 10 Min. köcheln
lassen und mit Salz und einer Prise Zucker und Zimt abschmecken. Die
Rosinen, Orangenstückchen und den Saft dazugeben.

500 g Möhren
1 Zwiebel
2 Orangen
50 g Rosinen
1–2 El Curry
etwas Mehl
1/2 l Gemüsebrühe
Salz
Prise Zimt und Zucker

 35 Min.   *3,50 DM*

Gisela Staupe ▪ Dresden ▪ achtjähriger Sohn

95

Weiße Bohnen

Weiße Bohnen enthalten eine Menge Eiweiß, sind preiswert und
sehr vielseitig zu verwenden – als Beilage, Suppe oder Püree.
Hülsenfrüchte sind allerdings eher für größere Kinder geeignet, da
kleinere sie nicht besonders gut verdauen können, allenfalls in
kleinen Portionen.

Grundrezept Weiße Bohnen

(für 4 Portionen)

Am besten kocht man die Bohnen am Tag zuvor. Morgens in reichlich Wasser einweichen (Bohnen müssen bedeckt sein), abends
Kräuter und die ganze Knoblauchzehe hinzufügen und die Bohnen

400 g weiße Bohnen
Salbeiblätter, Thymian oder Rosmarin
1 Knoblauchzehe

langsam zum Kochen bringen. Den Herd herunterschalten und unterhalb des Siedepunktes die Bohnen ca. 1 Std. garziehen lassen. Die Garzeit kann sehr variieren, je nach Alter der getrockneten Bohnen, also zwischendurch ab und zu mal probieren!

 60 Min.      *3 DM*

2 Varianten zum Grundrezept

- 3–4 Tomaten überbrühen, kreuzweise einschneiden und häuten. In kleine Stücke schneiden (ersatzweise eine Dose Tomatenstückchen). Mit gehacktem Rosmarin und Thymian in Olivenöl andünsten. Gekochte Bohnen zugeben und darin erhitzen.
- Salbeiblätter in feine Streifen schneiden und mit Olivenöl und Knoblauchwürfelchen anbraten. Gekochte Bohnen (ganz oder in der Brühe püriert) dazu und erwärmen.

Bohnen-Kartoffelpüree
(2 Portionen)

300 g Kartoffeln
¹/₂ l Gemüsebrühe
1 Ds weiße Bohnen

Kartoffeln schälen, in Würfel schneiden. In Olivenöl mit einer gehackten Knoblauchzehe anbraten, Gemüsebrühe dazu und mit gekochten weißen Bohnen (wenn es schnell gehen muß, nimmt man abgetropfte aus der Dose) 5–8 Min. zusammen garen, anschließend pürieren.

Polenta – vielseitig verwendbar

Grundrezept Polenta

(4 Portionen)

Zwiebel in Öl leicht andünsten, mit Gemüsebrühe ablöschen, zum Kochen bringen. Maisgrieß mit Gewürzen einrühren, 2–3 Min. leicht kochen, Butter unterrühren und 20 Min. bei ausgeschaltetem Herd ausquellen lassen. Zwischendurch immer wieder umrühren.

Man kann die Polenta heiß als Brei essen und Gouda oder Parmesan darüberreiben.

Ein Tip für die Erwachsenen: Mit angebratenen Salbeistreifen und Roquefortstückchen servieren.

1 Zwiebel
250 g Maisgrieß
1 l Gemüsebrühe
30 g Butter
gehackte Kräuter (Thymian,
Rosmarin oder Salbei)

 30 Min.   3 DM

2 Varianten zum Grundrezept

- Man kann die Polenta fingerdick auf ein Backblech streichen, mit Käse bestreuen und bei 200° überbacken. Heiß in Rhomben schneiden und als Beilage zu Gemüse oder Suppen, z. B. Tomatensuppe reichen.
- Mandelblättchen in einer erhitzten Pfanne mit verflüssigtem Honig verrühren, über die Polenta geben und überbacken.

Polenta wird besonders cremig, wenn man sie je zur Hälfte mit Wasser und Milch statt mit Gemüsebrühe zubereitet.

■ **Tip**

Suppen und Eintöpfe

Milchsuppe

(4 Portionen)

Nudeln bißfest kochen, abgießen und in eine Schüssel geben. Inzwischen Milch warm machen, mit etwas Zucker und Vanillezucker süßen, ein Stückchen Butter hinein und in einen Krug geben. Nudeln in den Teller und die Milch darübergießen.

400 g Spiralnudeln o. ä.
1 l Milch
Zucker nach Geschmack
Vanillezucker
1 Stich Butter

 20 Min.   3,50 DM

Jutta Meyer ▪ Haßloch ▪ Oma mit Leib und Seele, die täglich für drei Enkel, 16, 7 und 4, kocht

Bananensuppe mit Huhn

Man kocht auf Vorrat ein ca. 1 kg schweres Huhn mit Suppengrün, 1–2 Nelken und Piment in ca. 2 l Wasser, löst das Fleisch nach dem Abkühlen vom Knochen und friert davon die Hälfte mit ¾ l der Brühe für eine weitere Mahlzeit ein.

Bananen mit Zitronensaft pürieren, mit Brühe verrühren und das kleingeschnittene Fleisch zugeben. Aufkochen und mit der angerührten Stärke andicken. Mit Curry – und wer es mag, mit frisch geriebenem Ingwer – würzen. Crème fraîche oder Schmand einrühren. Nach Belieben mit trocken gerösteten Kokosflocken bestreuen.

4 Bananen
1 El Zitronensaft
¾ l Geflügelbrühe
ca. 500 g gegartes Hühnerfleisch
1–2 El Speisestärke
2 Tl Curry
4 El Crème fraîche oder Schmand
evtl. Kokosflocken

 25 Min. (wenn das Huhn vorgekocht ist)   9 DM

Katrin Liedtke ▪ Saulgau

■ **Variante**

Huhn kochen. Aus dem Topf nehmen. Nach dem Abkühlen das Fleisch vom Knochen trennen und im Sud mit etwas gekochtem Milchreis erwärmen.

Ayse Haller ▪ Frechen ▪ vierjährige Tochter

Leberknödelsuppe

(4 Portionen)

³/₄ l Hühnerbrühe
Leberknödel:
1 Pk Hühnerleber
1 altbackenes Brötchen
1 Ei, 1 El Mehl
Kapern nach Geschmack
etwas Parmesan
Salz, Petersilie, Salbei

Die Knödelzutaten im Mixer pürieren und durch ein Spätzlebrett, Reibesieb oder vom Brett in die siedende Brühe treiben. Kinder können zusätzlich Möhren hineinreiben oder Brokkoliröschen abbrechen und in die Brühe werfen.

 30 Min.   *9 DM*   *Für Kinder Innereien nur selten*

Maf Räderscheidt ▪ Junkersdorf ▪ eine Tochter

Erbsensuppe »Monsterbrühe«

(4 Portionen)

250 g getrocknete Erbsen
1 l Gemüsebrühe
Kräuter nach Geschmack
Salz, Pfeffer
Schmand oder Sahne nach
Geschmack

Die Erbsen über Nacht in der 3-fachen Menge kalten Wassers einweichen, Einweichwasser danach wegschütten. Neues Wasser auffüllen und die Erbsen ca. 2 Std. köcheln lassen. Pürieren und mit Salz, Pfeffer und Kräutern abschmecken. Schmand unterrühren.

Mit Kartoffelpüree oder -suppe gemischt schmeckt die Erbsensuppe besonders gut.

Nach demselben Rezept wird auch Kichererbsensuppe zubereitet.

 2 Std.   *3 DM*

Birgit Arnold-Fröhlich ▪ Nürnberg ▪ aus dem Härtetest: 18 Erst- und Zweitkläßler aus der Mittagsbetreuung der »Villa Kunterbunt«

100

Kartoffelsuppe

(2 Portionen)

Speckwürfel ohne Fett in einem Topf kross rösten, herausnehmen und beiseite stellen. 1 El Butter in den Topf geben, grob gewürfelte Zwiebel und Kartoffeln unter Wenden ca. 5 Min. andünsten. Mit Brühe und Sahne aufgießen und 15 Min. bei geschlossenem Topf garen. Suppe pürieren. Mit Pfeffer, Salz, Basilikum würzen. Speckwürfel dazugeben, einmal aufkochen lassen.

Dazu nach Geschmack Würstchen, Krabben oder in Knoblauch und Öl geröstete Brotwürfel.

50 g Speck	
1 Zwiebel	
250 g Kartoffeln	
1 El Butter	
300 ml Gemüsebrühe	
150 ml Sahne	
Basilikum	

 35 Min.   3,50 DM

Sabine Simon-Untereiner ▪ Stutensee ▪ zwei Töchter – 7 und 3 Jahre

101

Suppe aus Kartoffeln, Zwiebel, Knoblauch und Suppengrün. Die fertige Suppe mit Majoran abschmecken.

Astrid Keller ▪ Melle

▪ Variante

Rosenkohleintopf

(4 – 6 Portionen)

Rosenkohl putzen, waschen und halbieren. Kartoffeln und Zwiebel schälen und würfeln. Alles in heißem Fett anbraten. Mit Brühe aufgießen. Ca. 20–25 Min. köcheln lassen, mit Salz, Pfeffer und Muskat abschmecken. Crème fraîche mit etwas heißer Brühe verrühren und unter die Suppe mischen. Mit Petersilie garnieren.

Je nach Geschmack kann man die Suppe auch pürieren.

700 g Rosenkohl (Tk oder frisch)
500 g Kartoffeln
1 Zwiebel
1 El Butter
1 l Gemüsebrühe
Salz, Muskat, Pfeffer
1 Becher Crème fraîche
1 Stengel Petersilie

 40 Min.   4,50 DM

Hackfleischsuppe
(4 Portionen)

350 g Hackfleisch
1 Zwiebel
1 Zucchino
1 gr. Ds geschälte Tomaten
2 – 3 Tomatenmark
³/₄ l Gemüsebrühe
200 g Sahne oder Crème fraîche
Basilikum
Salz, Pfeffer

Hackfleisch mit kleingehackter Zwiebel und gewürfeltem Zucchino anbraten. Tomatenmark unterrühren und mit der Brühe ablöschen. Die Tomaten pürieren und zu dem Fleisch geben. Die Suppe einige Minuten köcheln lassen. Zum Schluß mit Sahne oder Crème fraîche, Salz und Pfeffer abschmecken. Kleingehacktes Basilikum darüberstreuen.

Dazu schmecken Baguette oder Brötchen.

 30 Min.   8,50 DM

Matthias Dübner • Meezen

102

■ Variante

Man kann diesen Eintopf z. B. auch mit Weißkohl und Suppengrün kochen, schmeckt dann aber mit Zitronensaft, Paprika, Kreuzkümmel und 1 Prise Zucker ab.

Spaghetti-Eintopf
(4 Portionen)

400 g Spaghetti
1 Stange Lauch
1 – 2 Möhren
1 Würfel Gemüsebrühe
200 ml Sahne
2 El Tomatenmark oder Ketchup
1 Ts geriebener Gouda oder Emmentaler
Petersilie

Spaghetti im Topf zerbrechen. Lauch und Möhren putzen, kleinschneiden und zu den Spaghetti geben. Brühe dazugießen bis die Nudeln knapp bedeckt sind. Sahne und Tomatenmark dazugeben und aufkochen. Käse einstreuen. (Man kann zusätzlich auch kleingeschnittene Wiener Würstchen dazugeben.) Alles ca. 9 Min. köcheln lassen und mit Petersilie bestreuen.

 25 Min.   6,50 DM

Marianne Rohlinger • Bonn • zwei Kinder – 10 und 12 Jahre

Paprikacremesuppe

(4 Portionen)

Paprikaschoten putzen, halbieren, mit der Schnittfläche auf einem Backblech bei 200° ca 10 Min. grillen, bis die Haut schwarze Blasen wirft. In einem Frostbeutel auskühlen lassen, dann die Haut abziehen und das Fleisch in Stücke schneiden. Zwiebel und Knoblauch würfeln, in Öl glasig dünsten. Mit Paprikapulver bestreuen, Paprikastücke zugeben und mit der Brühe aufgießen. Einige Minuten köcheln lassen, pürieren, Sahne zugeben und mit Salz, Pfeffer und Zucker abschmecken. Mit Schnittlauchröllchen bestreuen.

Für die Sonntagsversion mit Krabben servieren.

Sehr gut in einer Paprikacremesuppe schmecken geriebene Mandeln. Abschließend mit 1 – 2 El Tomatenmark abschmecken.

je 2 gelbe und rote Paprikaschoten
1 Zwiebel
1 Knoblauchzehe
4 El Öl
1 Tl Paprikapulver (mild)
$1/2$ l Gemüsebrühe
$1/2$ Becher Sahne
Salz, Pfeffer, 1 Tl Zucker
1 Bd Schnittlauch
evtl. Krabben

■ **Variante**

 40 Min. *6 bis 9 DM*

Möhrencremesuppe

(2 – 3 Portionen)

Zwiebel und Möhren fein würfeln, in Butter anbraten. Mit Gemüsebrühe auffüllen und ca. 10 Min. leicht köcheln. Mit dem Pürierstab pürieren, mit etwas Salz und einer Prise Zucker abschmecken. 2 El Schmand und/oder Sahne unterrühren.

Dazu geröstete Brotwürfel.

1 Zwiebel
3 – 4 Möhren
etwas Butter zum Anbraten
$1/2$ – $3/4$ l Gemüsebrühe
2 El Schmand und/oder Sahne
Salz

 25 Min. *2,50 DM*

- **Variante**

Statt mit Brühe kann man die Möhren auch mit Milch/Sahne und einem Schuß Orangensaft angießen. Mit Curry und frischen Kräutern, z. B. Koriander, Basilikum oder Estragon abschmecken.

- **Tip**

Cremesuppen kann man aus den verschiedensten Gemüsesorten kochen und mit Kleinigkeiten aufpeppen.

Zu Roten Beten (die Knollen werden zuvor im Dampftopf ca. 20 Min. gegart und dann gewürfelt mit einer Zwiebel angebraten) passen Äpfel, Zitronensaft und Sahne, zu Blumenkohl und Brokkoli eine Prise Muskat.

Ob nun Erbsen, Zucchini oder Linsen – krosse Knoblauchbrotstückchen, geröstete Sonnenblumen- oder Kürbiskerne oder ein Klecks Schmand in der Mitte kommen immer gut an. Um es gehaltvoller zu machen, kann man auch gekochten Reis oder Hirse zufügen.

104

Tomatensuppe
(4 Portionen)

1 Gemüsezwiebel
1 Stück Sellerieknolle
500 g Tomaten
1 El Butter
3 El Tomatenmark
¾ l Gemüsebrühe
Salz, Pfeffer
1 El Zucker
1 Bd Thymian
(oder 1 Tl getrockneter Thymian)
1 Becher Crème fraîche oder
Schmand

Zwiebel pellen, Sellerie schälen und waschen, Tomaten waschen, Stilansatz entfernen. Alles in Stücke schneiden. Butter in einem Topf schmelzen. Das Gemüse zugeben und scharf anbraten. Tomatenmark hinzufügen, Brühe aufgießen und zugedeckt ca. 20 Min. köcheln lassen. Pürieren und mit Salz, Pfeffer und Zucker abschmekken. Thymian mit Schmand oder Crème fraîche verrühren und zur Suppe reichen.

Dazu geröstetes Weißbrot, Baguette oder Fladenbrot.

 35 Min.　　 7 DM

Irmela Hannover ■ Köln ■ drei Kinder – 14, 8 und 3 Jahre

Lauchsuppe

(4 Portionen)

Lauch putzen, waschen und in Ringe schneiden. In Butter andünsten, mit der Brühe auffüllen und ca. 15 Min. köcheln lassen. Einige Lauchringe herausnehmen und zur Seite stellen. Restlichen Lauch in der Suppe mit dem Stabmixer fein pürieren. Käse und Sahne zugeben und alles aufkochen lassen. Mit Salz, Pfeffer und Muskatnuß abschmecken.

Wer mag, kann Lachsschinken in feine Streifen schneiden, Petersilie hacken und alles zusammen mit den restlichen Lauchringen in die Suppe geben.

500 g Lauch
30 g Butter oder Margarine
½ l Gemüsebrühe
100 g Kräuterschmelzkäse
⅛ l Sahne
Salz, Pfeffer
Muskatnuß
1 Bd glatte Petersilie
100 g Lachsschinken (nach Wunsch)

 30 Min. *8 DM*

105

Kürbiscremesuppe

(4 Portionen)

Den Kürbis schälen, die faserigen Teile und Kerne entfernen, Fruchtfleisch in Stücke schneiden. Kartoffeln schälen und würfeln, ebenso den Apfel. Die feingehackte Zwiebel in der Butter glasig dünsten. Kartoffel- und Apfelwürfel dazugeben und ebenfalls anbraten. Dann den Kürbis hinzufügen. Mit Brühe angießen und aufkochen. Bei schwacher Hitze ca. 10 Min. garen. Mandeln in einer Pfanne ohne Fett rösten. Die Suppe pürieren, mit Curry, Ingwer, Salz, Pfeffer und Essig abschmecken.

Auf dem Teller mit Schmand und Mandeln garnieren.
Besonders lecker dazu: knusprige Knoblauch-Croutons.

1 kg Kürbis
200 g Kartoffeln
1 säuerlicher Apfel
1 Zwiebel
1 El Butter
1 l Gemüsebrühe
3 El Mandelblättchen
½ Tl Curry
½ Tl gemahlener Ingwer
Salz, Pfeffer
½ Tl Balsamico-Essig
4 El Schmand

 40 Min. *6 DM*

Irmela Hannover ▪ Köln ▪ drei Kinder – 14, 8 und 3 Jahre

Gurkensuppe »Gaby«

(6 Portionen)

1 Salatgurke
2–3 Knoblauchzehen
1 mittelgroße Zwiebel
4–5 mittelgroße festkochende
Kartoffeln
3–4 Nudelnester
1½ l Gemüsebrühe
50 g Butter
1 Tl Kräutersalz
2 Tl Delikata (im Reformhaus
erhältlich)
Pfeffer
1 Becher Schmand

Gurke schälen und in Würfel schneiden. Geschälte Kartoffeln in mittelgroße Stücke schneiden. In einem Topf die feingehackte Zwiebel in Butter andünsten, feingehackten Knoblauch dazu, kurz mitdünsten. Gurkenwürfel dazugeben, dann die Kartoffeln. Alles zusammen kurz anschmoren. Mit der Brühe aufgießen und ca. 15 Min. garen. Mit Salz, Delikata und Pfeffer abschmecken.

Die Nudelnester halbieren und 3–4 Min. in der Suppe köcheln lassen. Schmand unterrühren.

Dazu Brot reichen.

 35 Min.    5 DM

Familie Henkelmann • Stolberg • fünf Kinder – 17, 16, 13, 6 und 4 Jahre

Kalte Gurkensuppe

(4 Portionen)

4 Becher Joghurt
2 Becher Schmand
Zitronensaft
1 hartgekochtes Ei
2 Tomaten
2–3 Delikateßgurken
½ Salatgurke
1 Bd Dill
4 Scheiben geräucherte Putenbrust
oder Kasseler-Aufschnitt
1 Ds Grönland-Krabben
(besser tiefgefroren)

Joghurt und Schmand mit dem Saft einer Zitrone verrühren. Gurken und Tomaten (Stilansatz entfernen und entkernen) würfeln. Dill und Ei hacken. Zutaten unter den Joghurt mischen. Krabben abgießen, etwas von dem Sud auffangen und mit den Krabben und dem in feine Streifen geschnittenen Aufschnitt unterheben. Evtl. mit einer Prise Salz und Zucker abschmecken. Mindestens 1–2 Std. kaltstellen. Eine leichte Suppe, die besonders an heißen Sommertagen schmeckt.

 25 Min.   12 DM

Gazpacho

(4 Portionen)

Gurke, Paprika und Zwiebel würfeln, Knoblauch kleinschneiden, portionsweise mit dem Pürierstab pürieren, dabei nach und nach passierte Tomaten, 200 – 300 ml eiskaltes Wasser, das Baguette, Petersilienblättchen und Öl zugeben. Mit Salz und Zitronensaft abschmecken. Den grob geriebenen Käse in die kalte Suppe geben.

 25 Min.   7 DM

¹/₂ Salatgurke
je 1 rote und grüne Paprikaschote
1 Zwiebel
1 Knoblauchzehe
500 g passierte Tomaten
4 Scheiben Baguette
¹/₂ Bd Petersilie
2 El Olivenöl
2 El Zitronensaft
60 g Gouda, Emmentaler oder Parmesan
200 – 300 ml eiskaltes Wasser

Der prominente Studiogast

Wolfgang Niedecken ▪ Rockmusiker und Maler ▪ vier Kinder

Der »legendäre Linseneintopf«

Die Linsen im Gemüsesaft erwärmen. Mettwürste in Stücke schneiden und pikant mit Essig, Curry, Oregano und Pfeffer aus der Mühle in der Pfanne anbraten, rein in die Suppe. Fertig!

Wolfgang Niedecken ▪ Rockmusiker und Maler ▪ 4 Kinder

1 Flasche Gemüsesaft
1 gr. Ds Linsen mit Suppengrün
(keine fertige Linsensuppe)
3 – 4 Mettwürste
Essig
Curry, Oregano, Pfeffer

Pfannkuchen, Puffer und Bratlinge

Aus fast allem Getreide wie Reis oder Hirse lassen sich prima Puffer herstellen (auch hervorragend für die Resteverarbeitung geeignet). Man kann verschiedene Gemüse wie Zucchini, Möhren, Kohlrabi, Brokkoli oder Champignons hineinraspeln. Die Masse wird mit Eiern, etwas Mehl, frischen Kräutern, Gemüse und Gewürzen vermischt und portionsweise in Öl ausgebraten. Die klassischen Kartoffelpuffer schmecken den Kindern besonders mit Apfelmus, aber probieren Sie es auch einmal mit einem Löffel Kräuterquark oder Kräuter-Crème-fraîche. Beliebt sind natürlich besonders die süßen Varianten mit Äpfeln, Nüssen und Zimt.

108

Reisplätzchen

(4 Portionen)

250 g Vollkornreis (oder Reisreste)
1 Ts Erbsen (frisch oder Tk)
2 Möhren
1 Ei
100 g geriebener Gouda oder Emmentaler
100 g gemahlene Haselnüsse
Salz, Pfeffer
Öl zum Ausbraten

Reis kochen, Erbsen in etwas Butter garen. Möhren raspeln. Alle Zutaten miteinander vermischen. Die Masse zu Plätzchen formen und von beiden Seiten in heißem Fett braten.

Die Plätzchen können mit einer Scheibe Käse überbacken oder wie Hawaii-Toast mit Ananas zubereitet werden. Oder man reicht einen Dip dazu.

 30 Min.   5,50 DM

Charlotte Meier-Ewald ▪ Stutensee ▪ zwei Kinder

Zucchinireibekuchen

(3–4 Portionen)

Zucchini auf einer groben Reibe raspeln und mit etwas Salz bestreuen. 20 Min. stehen lassen, anschließend in einem Tuch das Wasser ausdrücken. Mit den restlichen Zutaten vermengen. Der »Teig« muß ca. 5 Min. quellen. Danach Reibekuchen formen und in heißem Fett ausbacken.

Falls der Teig nicht fest genug wird, kann er mit etwas Vollkornmehl angedickt werden.

500 g Zucchini
3 El Grieß
2 Eier
1 Zwiebel, gerieben (nach Bedarf)
Salz, Pfeffer
Öl zum Ausbacken

 40 Min.   3,50 DM

S. Brieden ▪ Overath

Statt der Zucchini eine Kombination aus Möhre, Fenchel, Kartoffel, Schnittlauch und Curry.

▪ **Variante**

Anja Heling ▪ Grevenbroich ▪ drei Kinder

109

110

Steckrübenpuffer mit Brennesselsoße

(3–4 Portionen)

500 g Kartoffeln
500 g Steckrüben
2 Zwiebeln
2 Eier
etwas Vollkornmehl
Salz, Pfeffer, Muskat
Öl zum Ausbacken

Für die Soße:
Brennesselspitzen sammeln, am
besten mit Handschuhen und Schere,
ca. ein 5l-Eimer locker gefüllt
1 El Butter
1 Zwiebel
¼ l Gemüsebrühe
1 Becher Schmand, Sahne oder
Frischkäse

Kartoffeln und Steckrüben reiben. Mit feingewürfelten Zwiebeln und den Eiern verrühren. Etwas Vollkornmehl zum Binden der Flüssigkeit hinzugeben, mit Salz, Pfeffer und Muskat abschmecken. Kleine Puffer in Öl ausbacken.

Für die Soße eine gehackte Zwiebel andünsten, 1 Finger hoch Gemüsebrühe angießen, die gewaschenen Brennesseln darin zusammenfallen lassen, mit dem Mixer pürieren. Je nach Geschmack Schmand, Sahne oder Frischkäse unterrühren, mit Salz, Pfeffer und Muskat abschmecken. Zu den Puffern servieren.

 40 Min.
(ohne Sammeln)   4,50 DM

A. Burggraf ▪ Kreuzau ▪ drei Kinder

Getreidefrikadellen

(6 Stück)

100 g grob geschroteter Grünkern
¼ l Gemüsebrühe
1 Ei
50–75 g geriebener Gouda oder
Emmentaler
Salz, Pfeffer
Öl zum Ausbraten

Brühe erhitzen, Grünkernschrot einstreuen und unter Rühren aufkochen lassen. Wenn ein dicker Brei entstanden ist, den Topf zur Seite stellen und die Masse ca. 10 Min. quellen lassen. Im Kühlschrank mindestens 3 Std., am besten über Nacht kühl stellen.

Dann mit Käse, Salz, Pfeffer und dem Ei vermischen, Bratlinge formen und in Pflanzenöl bei mittlerer Hitze goldbraun braten. Dazu schmeckt Nudelsalat, Kartoffelsalat, Püree und Gemüse. Sie schmecken warm oder auch kalt bei einem Picknick.

 Vorbereitung am Abend zuvor.
Zubereitung: 30 Min.    3 DM

Gabriele Döhrel ▪ Einbek ▪ eine Tochter, das zweite Baby ist unterwegs

Haferflockenbratlinge

(2 – 3 Portionen)

Zwiebel fein würfeln, in der Butter andünsten, Haferflocken hinzugeben und mit Curry und Paprika würzen. Mit der Gemüsebrühe ablöschen. Diese Masse ca. 10 Min. quellen und etwas abkühlen lassen. Ei, Käse, Salz und Petersilie untermengen. Aus der Masse Bratlinge formen und 6–8 Min. ausbraten.

Hierzu paßt sehr gut eine Soße aus Kräuterfrischkäse, der mit etwas Sahne verrührt wird.

1 Zwiebel
1 El Butter
je 100 g kernige und zarte Haferflocken
1 Tl Curry
1 Tl Paprika
3/4 l heiße Gemüsebrühe
1 Ei
25 g geriebener Parmesan
150 g geriebener Emmentaler
Salz
gehackte Petersilie
Öl zum Ausbraten

 35 Min. *5,50 DM*

Marie-Luise Winter ▪ Herne ▪ zwei Kinder – 12 und 13 Jahre

Herzhafte Vollkornwaffeln mit Sauerrahm oder Avocadocreme

(10 Stück)

Alle Zutaten für den Teig verkneten, quellen lassen und im Waffeleisen backen. Zutaten für den Sauerrahm verrühren und zu den Waffeln reichen.

Dazu paßt auch Avocadocreme (Fleisch pürieren, mit Zitrone, Salz, Pfeffer, Joghurt und Schmand abschmecken).

Teig:
50 g Hirsemehl
50 g Dinkelmehl
100 g Weizenmehl
275 ml Mineralwasser
50 g Butter
1/2 Tl Kräutersalz
1/2 Tl gekörnte Gemüsebrühe
je 1/2 Tl Dill und Curry
Salz und Muskat

250 g Magerquark
100 g Schmand oder saure Sahne
1 Knoblauchzehe, gepreßt
Pfeffer, Kräutersalz, Kräuter
1 Tl gekörnte Gemüsebrühe

 35 Min. *4,50 DM*

Familie Mordas ▪ fünfjährige Tochter, die jede Art von Gemüse als Zumutung empfindet

Kartoffelcrossies aus dem Waffeleisen

(4 – 6 Portionen)

2 Zwiebeln
1 kg Kartoffeln
2 Eier
2 El Haferflocken
5 El Weizenvollkornmehl
2 El Öl

Zwiebeln und Kartoffeln schälen und fein raspeln. Mit den anderen Zutaten vermischen. In einem Waffeleisen (leicht mit Öl einpinseln) backen.

 40 Min.   *3 DM*

Heinke Huuck ▪ Schülldorf ▪ Hauswirtschaftsleiterin, gibt hauswirtschaftlichen Unterricht und leitet Projekttage in Schulen zum Thema Ernährung

Schinkenplätzchen

(4 Portionen)

1 Pk Kartoffelklöße
½ l kaltes Wasser
100 g gekochten Schinken
1 Zwiebel
Margarine zum Ausbacken

Schinken in Würfel schneiden und in eine Schüssel geben.

Die Zwiebel in Würfel schneiden und dazugeben. Wasser darübergießen und das Pulver der Kartoffelklöße einrühren. 5 Min. quellen lassen.

Aus dem Teig eine Rolle mit einem Durchmesser von 5 cm formen. Von der Rolle 1 cm dicke Scheiben abschneiden. In der Pfanne die Schinkenplätzchen von beiden Seiten goldgelb braten.

Dazu einen Kräuterdip und Salat.

 40 Min.   *6,50 DM*

Claudia Bock ▪ Metelen

Spaghetti-Gemüse-Puffer

(4 Portionen)

250 g Spaghetti
je 150 g Möhren, Zucchini und Porree
3 Eier
Salz, Pfeffer
Öl zum Ausbacken
Soße:
2 Tomaten
1 Becher Kräuter-Crème-fraîche

Nudeln bißfest kochen oder Nudelreste verwerten. Das Gemüse putzen und raspeln bzw. in feine Ringe schneiden. In kochendem Wasser 3 Min. blanchieren. Nudeln und Gemüse abtropfen und etwas abkühlen lassen. Eier mit Salz und Pfeffer verquirlen. Mit Nudeln und Gemüse vermischen,
10 Min. durchziehen lassen. Anschließend Öl erhitzen und Puffer knusprig ausbacken.

Für die Soße 2 Tomaten achteln (wenn man Zeit hat, vorher überbrühen und häuten). In einem geschlossenen Topf kurz andünsten. Crème fraîche dazugeben, verrühren und kurz aufkochen lassen.

 40 Min.   7,50 DM

Barbara Krieger ▪ Hilchenbach/Lützel

Pfannkuchen

(1 Portion)

1 Ei
5 El Milch
2 El Sahne
2 El Vollkorn-Haferflocken
2 El Semmelbrösel
(aus alten Brötchen)
Zucker nach Geschmack
Zimtzucker zum Bestreuen

Zutaten verrühren und kleine Pfannkuchen braten. In der Pfanne ausbacken oder mit einem Waffeleisen zubereiten. Dazu Apfelmus oder Zimtzucker.

 20 Min.   1 DM

Heike Czerwinska ▪ Darmstadt ▪ zweijähriger Sohn

▪ **Variante**

Statt Haferflocken mischen Sie eine halbe Dose Mais und etwas geriebenen Parmesan unter den Teig. Mit Salz und Pfeffer abschmecken. Den Maiskuchen in der Pfanne bei mittlerer Hitze von beiden Seiten ca. 3 Min. backen.

114

Getreide-Eierkuchen mit Gemüse und Obst

(4 Portionen)

Das Hirsemehl mit der sauren Sahne (ersatzweise Joghurt) und den Eiern verquirlen. Bei Gemüsebelag mit etwas Salz, bei Obstbelag mit etwas Zucker abschmecken. Etwas Butter zerlassen und das Gemüse/Obst einige Minuten dünsten.

Die Hälfte des Teiges daraufgeben, einen Deckel auflegen und 5 Min. backen.

Umdrehen, auf den Gemüsebelag nach Belieben etwas geriebenen Käse verteilen und nochmals zugedeckt ca. 5 Min. backen.

100 g Hirsemehl (oder ein anderes Mehl, das vorrätig ist)
150 g saure Sahne oder Joghurt
4 Eier
Salz oder Zucker
geputztes Gemüse wie z. B. Zucchini, Champignons, Tomaten
oder Obst wie z. B. Äpfel, Birnen
evtl. Käse

 30 Min.   5 DM

Pfannkuchen mit Gemüsefüllung

(4 Portionen)

Aus Dinkelmehl, Milch, Salz und Eiern einen Teig rühren und quellen lassen. Anschließend in einer heißen Pfanne dünne Pfannkuchen backen und warm stellen.

Gemüse putzen, waschen und in feine Streifen schneiden. In Butter oder Öl anbraten und 10 Min. unter Wenden dünsten. Würzen und auf die Pfannkuchen verteilen. Den Käse auf das Gemüse streuen und die Pfannkuchen aufrollen.

Die Gemüsemischung schmeckt auch gut zu Reis oder Nudeln.

200 g Dinkelmehl (oder ein anderes Mehl)
125 ml Milch
1 Prise Salz
3 Eier
1 Pk Mungbohnensprossen (mittlerweile auch in Supermärkten erhältlich, ersatzweise Sojabohnensprossen)
1 Stange Porree
100 g Möhren
100 g Sellerie
100 g Weißkohl
Öl oder Butter zum Anbraten
Salz, Pfeffer, Curry, Muskat
Petersilie, geriebener Käse

 35 Min.   6 DM

Rita Ross ▪ Wuppertal ▪ drei Töchter – 13 Jahre und zweimal 10 Jahre

115

■ Tip

Ein riesiger Pfannkuchenberg macht sich gut auf dem Geburtstags-Buffet. Stets griffbereit können die Kinder sie pur aus der Hand essen oder selber füllen und einrollen. Es kann eine pikante Füllung sein oder auch ein süßer Fruchtquark.

■ Variante

Gehackte Kräuter unter den Teig rühren und nach dem Wenden des Pfannkuchens die ausgebackene Seite mit geriebenem Käse bestreuen. Der Käse schmilzt beim Ausbacken.

Carola Kipp-Quest ■ Werther

Pikantes mit Eiern

Erbsenomelett
(1 Portion)

Mehl mit dem Ei verrühren. Buttermilch, Öl, Sesamsamen und Salz unterziehen. Den Teig 5–10 Min. ruhen lassen. Inzwischen Butterschmalz in die Pfanne geben und die Erbsen kurz darin dünsten. Den Teig mit Mineralwasser aufschäumen und über die Erbsen verteilen. Zugedeckt ca. 1–2 Min. goldbraun backen. Das Omelett am Rand lösen und auf den Deckel gleiten lassen. Restliches Fett in die Pfanne geben, das Omelett mit der ungebackenen Seite in die Pfanne kippen und fertig backen. Auf einem Teller eine Hälfte mit Crème fraîche bestreichen, zuklappen und servieren.

1 kleines Ei
50 g Vollkornmehl
100 ml Buttermilch
1 TL Keimöl
Salz
2 TL Sesamsamen
150 g frische oder Tk Erbsen
2 TL Butterschmalz
2 El Crème fraîche
1 Schuß Mineralwasser

 20 Min.    2 DM

Christa Beckenbauer ▪ Ingolstadt

Bei einer einzelnen Portion kann man den Teig auch im Schüttelbecher zubereiten – spart Zeit und Geschirr. Zu beachten: Erst die festen Zutaten, dann die flüssigen in den Becher geben.

▪ **Tip**

Buntes Rührei
(4 Portionen)

Paprika und Zwiebel in kleine Würfel schneiden und zusammen mit dem gepreßten Knoblauch in etwas Wasser in der Pfanne andünsten. Sobald das Wasser verkocht ist, etwas Butter zugeben und

1 Paprikaschote
1 Zwiebel
1 Knoblauchzehe
1 El Sonnenblumenkerne
3 Eier
Butter, Salz, Pfeffer

117

darin die Sonnenblumenkerne leicht rösten. Zum Schluß die 3 verquirlten Eier zugeben. Alles gut durchrühren, bis das Ei fest wird.

Dazu Vollkorntoast mit Butter reichen.

 20 Min.   2,50 DM

Inge Hansen ▪ München

▪ Variante

Paprika, Zwiebel, Knoblauch und Maiskörner in etwas Butter andünsten. Kurz abkühlen lassen. Mit den verquirlten Eiern und gehackter
Petersilie mischen und in der Pfanne von beiden Seiten ca. 3 Min.
braten.

Rührei mit bayrischem Wurstsalat und Toast
(4 Portionen)

200 g Bierschinken oder Mortadella
1 Zwiebel
1 El Öl
2 El Essig
Salz, Zucker, Pfeffer
getrockneter Liebstöckel
4 Eier

Die Wurst in feine Streifen schneiden und mit fein gehackter Zwiebel, Salz, Pfeffer, Zucker, Öl und Essig mischen. Mit Liebstöckel
abschmecken. 1 Stunde durchziehen lassen. Rührei zubereiten.

Dazu getoastetes Brot. Zum Wurstsalat passen auch Pell- oder
Bratkartoffeln.

 20 Min.   6 DM

Marion Marquardt ▪ Dortmund ▪ sieben Kinder

118

Tomatenspiegelei

(1 Portion)

Zwiebel in feine Ringe schneiden, Tomaten in Scheiben. Etwas Öl in der Pfanne erhitzen, Zwiebelringe zugedeckt kurz darin andünsten, danach die Tomatenscheiben darauflegen, salzen, pfeffern und bei geschlossener Pfanne 1–2 Min. weiterdünsten. Darauf ein Ei schlagen und stocken lassen. Auf einer Brotscheibe anrichten.

1 Zwiebel
2 Tomaten oder 1 Fleischtomate
1 Ei

 10 Min. 1,50 DM

119

Snacks: die Appetithappen für den unaufschiebbaren Bärenhunger

120

Bananenbrot
1 Portion)

2 Scheiben Brot (Graubrot oder Körnerbrot)
½ Banane
Butter

Die Brotscheiben mit Butter bestreichen. Die Banane der Länge nach in Scheiben schneiden, auf das Brot legen. Die zweite Scheibe Brot darauflegen und leicht andrücken.

Beschichtete Pfanne ohne Fett auf mittlerer Flamme erhitzen, Bananenbrot unter mehrmaligem Wenden knusprig rösten, dabei immer wieder zusammendrücken.

Maren Klingler • Duisburg • sechsjähriger Sohn

Blätterteighörnchen
(Vorschulkinder essen 3 Hörnchen pro Mahlzeit)

1 Pk Tk-Blätterteig (s. auch Alternativrezept vom Quarkölteig oder Quarkblätterteig, S. 91)
pro Portion:
1 Scheibe Käse (Gouda, Emmentaler oder Schafskäse)
1 Scheibe gekochten Schinken
Dip:
250 g Magerquark
100 g Joghurt natur
Salz, Pfeffer
Kräuter nach Belieben: Schnittlauch, Petersilie, Kresse, o.ä.

Blätterteig antauen, etwas ausrollen, in Dreiecke teilen. Die Ränder mit Milch bepinseln, Schinken und Käse würfeln und nach Geschmack auf dem Teig verteilen. Die Dreiecke von der Breitseite her zu Hörnchen aufrollen. (Kinder rollen sich die Hörnchen auch gern selber.) Mit Milch bepinseln. Im vorgeheizten Ofen bei 200° ca. 15 Min. goldbraun backen.

Dazu den Kräuterquark-Dip reichen.

 30 Min. 10,50 DM

Daniela Roos • Pulheim • Tagesmutter und zwei Töchter, 2 und 6 Jahre

Blätterteig-Frischkäse-Rolle

(4 Portionen)

Blätterteig etwas antauen lassen, die Seiten der Scheiben mit Wasser anfeuchten, überlappend zu einem großen Rechteck aneinanderlegen und zusammendrücken, dann leicht ausrollen (am besten auf Backpapier, dann löst sich der Teig besser). Frischkäse, gewürfelten Schinken und die gewürfelte Tomate mit dem gepreßten Knoblauch mischen und mittig auf dem Blätterteig verteilen, wobei die Ränder freibleiben. Eine Rolle formen, den Blätterteig oben und an den Rändern zusammendrücken und bei 180° 20–25 Min. im Backofen aufgehen lassen.

4 Scheiben Tk-Blätterteig
1 Pk Frischkäse
3–4 Scheiben gekochter Schinken
1 Fleischtomate oder
2 kleinere Tomaten
1 Knoblauchzehe

 50 Min. *5,50 DM*

Bettina Brühl ▪ Wuppertal

121

Hackfleischbrötchen

(4 Portionen)

Zwiebeln und Gurken würfeln, mit dem Hackfleisch vermischen. Käse und Ei dazugeben und den Hackfleischteig mit den Gewürzen abschmecken. Brötchen halbieren, die Hälften mit Butter bestreichen. Fleischmasse auf die Brötchenhälften verteilen. Auf einem Backblech 10–12 Min. bei 180° überbacken.

4 Brötchen
350 g Hackfleisch
75 g geriebener Gouda
einige Gewürzgurken
1 Ei
2 Zwiebeln
etwas Butter
Salz, Pfeffer, Paprika
Knoblauch (nach Belieben
für den Fleischteig)

 25 Min. *7,50 DM*

Claudia Bock ▪ Meteln

Dänisches Brot

(6 Portionen)

6 Baguettebrötchen, vorgebacken
1 Pk Sahne-Schmelzkäse
1 Eigelb
200 g Salami kleingeschnitten oder
150 g gekochten Schinken
2 gewürfelte Zwiebeln

Alle Zutaten zu einer Masse verrühren, auf die Baguette-Brötchen streichen und im Ofen ca. 10 Min. bei 180° überbacken.

 20 Min.   10 DM

Ingrid Kühne ▪ Xanten-Lüttingen

Kunterbunte Spießchen

(4 Portionen)

122

2 große Scheiben Vollkornbrot
2 El Frischkäse mit Kräutern
¹/₄ Salatgurke
je ¹/₂ rote und gelbe Paprikaschote
1 große Möhre
1 Bd Radieschen
100 g Gouda am Stück

Das Vollkornbrot mit Frischkäse bestreichen, Scheiben aufeinanderlegen und in große Würfel schneiden. Gurke und Paprika in Stücke, Möhren in Scheiben, Käse und Radieschen in große Stücke schneiden. Vollkornbrot nun abwechselnd mit Gemüse und Käse auf Holzspieße stecken. Ein Hit auf jedem Kinderfest!

 20 Min.   5,50 DM

Iris Eberhard ▪ Armsheim ▪ kocht gern für Nichten und Neffen

Der prominente Studiogast I

Bill Mockridge ▪ Schauspieler ▪ Herr Schiller aus der »Linden-staße« ▪ sechs Söhne

Da ich jeden Tag sechs Jungs abfüttern muß, habe ich über die Jahre einige Erfahrungen gemacht: frische Spaghetti schmecken besser als Nudeln aus der Dose – Spinat, Spiegeleier und Kartoffelpüree kommen immer gut an (sogar zum Frühstück) – fast jedes Gemüse wird zum begehrten Objekt, wenn es mit etwas Sauce Hollandaise angemacht ist – geschnittene Tomaten mit Majo essen sogar kleine Kinder gern.

Mein Tip für ein fröhliches und besonders kommunikatives Essen: Hamburger! Warum kommunikativ? Weil jeder am Tisch sagt: »Reich mir bitte den Ketchup, gib mir mal die Gurken, ich brauche Majo …«

Ein Hamburger besteht aus einem sog. »Hamburger-Patty« und einem Hamburger-Brötchen. Letzteres ist besonders weich und deshalb für alle Generationen geeignet (da freut sich sogar die Oma).

Die weiteren Zutaten sind:

Käse-Scheibletten, Zwiebelringe, Tomatenscheiben, Eisbergsalatblätter, Ketchup, Majo, Senf, Relish und was immer man noch zwischen zwei Brötchenhälften packen kann und will.

123

Hamburger
(für 10 Hamburger)

Das Fleisch mit dem Kräutersalz und dem Knoblauch kräftig durchkneten und anschließend zu flachen »Fleisch-Pattys« formen. Die Pattys etwa 2 1/2 Min. pro Seite in der Kräuterbutter braten und danach auf die durchgeschnittenen Brötchen legen. Jetzt nach Lust

800 g reines Rinderhack von wirklich glücklichen Kühen
10 Hamburger-Brötchen
Kräuterbutter
etwas Kräutersalz und Knoblauch

und Laune mit den Zutaten belegen, beschmieren, gestalten, verzieren und anschließend kräftig mit der flachen Hand zusammendrücken. Wenn es beim Reinbeißen an den Seiten herausläuft, haben Sie alles richtig gemacht. Viel Spaß und haut rein!

 35 Min.      *20 DM*

Der prominente Studiengast II

Renate Krawielicki ▪ Kind & Kegel-Moderatorin ▪ zwei Kinder – 14 und 10 Jahre alt

Kochen mit Leidenschaft – das kann ich nicht, ein solches Gen blieb mir irgendwie versagt. Ich koche, wenn gekocht werden muß. Was ich wirklich gern mache, sind kalte Speisen, Salate und Kleinigkeiten. Für Fleisch, Suppen und Soßen hat mein Mann ein Faible, zum Glück. Davon profitiert die Familie am Wochenende. Ich helfe dann bei den »niederen Tätigkeiten«.

Verlorene Ritter
(4 Portionen)

4 Scheiben Vollkorntoast
4 Eier
Öl zum Braten

Mit einem Glas die Mitte der Toastscheiben ausstechen. Die Scheiben in wenig Fett auf mittlerer Flamme kurz rösten, dann wenden und je ein Ei vorsichtig ins Loch hineinfallen lassen. Ganz normal braten, wie ein Spiegelei – fertig! Die ausgestochenen Toastscheibchen lege ich in die Pfanne dazu, die kann man als Beilage futtern.

Dips, Soßen und Aufstriche

Sie sind unverzichtbar für die schnelle Küche, denn

- damit gelingt es Eltern tatsächlich, ihren gemüsemuffeligen Kindern Rohkost schmackhaft zu machen;
- mit Fladenbrot, Zwiebelbaguette oder Vollkornbrötchen kann mit ihnen ein ausgefallenes warmes Mittagessen überbrückt werden;
- und man kann hervorragend das Kinderparty-Buffet aufpeppen.

Dip aus Hüttenkäse

(2 – 3 Portionen)

Hüttenkäse läßt sich prima mit Gemüse verfeinern. Gurke, Tomate, Avocado fein würfeln, mit etwas Öl, Salz und Pfeffer würzen, mit dem Hüttenkäse vermischen, evtl. Petersilie oder Schnittlauch unterrühren – fertig. Eignet sich als Aufstrich oder Beilage zu Toast oder Baguette. Aber auch zu Frikadellen.

¹/₄ Gurke
1 Tomate
1 Avocado
1 Pk Hüttenkäse
1 Bd Petersilie oder Schnittlauch
etwas Öl
Salz, Pfeffer

 15 Min. *4,50 DM*

Vesna Cerit ▪ Hamburg ▪ zwei Kinder – 2 Jahre und 5 Monate

Tzatziki

(4 Portionen)

Gurke schälen, halbieren, mit einem Teelöffel die Kerne herauskratzen, reiben, leicht salzen und beiseite stellen.

Joghurt und Quark mit Öl und Essig verrühren, Zwiebel fein reiben und dazugeben. Knoblauch je nach Geschmack durchpressen.

1 Salatgurke
250 g Joghurt
250 g Quark
3 El Olivenöl
1 El Essig
1 Zwiebel
2 – 3 Knoblauchzehen
Salz, Pfeffer
1 Bd Dill
evtl. Tzatziki-Gewürz

Die geraspelte Gurke in einem Tuch ausdrücken, mit der Soße verrühren und abschmecken. Gehackten Dill unterrühren.

Dazu Pellkartoffeln, Fladenbrot oder Vollkornbrot reichen.

 15 Min. *4,50 DM*

Irmela Hannover ▪ Köln ▪ drei Kinder

126

Frischkäsedressing

(4 Portionen)

100 g Joghurt
2 El Kräuter-Frischkäse
1 Zitrone
je 1/2 Bd Dill und Schnittlauch
evtl. etwas Mineralwasser
Salz, Pfeffer

Joghurt, Frischkäse und etwas Zitronensaft mit dem Pürierstab oder Mixer durchmixen. Feingehackte Kräuter unterheben, mit Salz und Pfeffer abschmecken, evtl. mit Mineralwasser verdünnen.

Das Dressing paßt zu knackigen Salaten oder als Dip zu Rohkostplatten und läßt sich natürlich beliebig mit Käse und Joghurt verlängern.

 10 Min. *2,50 DM*

Kräutersoße

(4 Portionen)

je 100 g Schmand, saure Sahne,
Joghurt und Crème fraîche
Salz
1 Knoblauchzehe
Schnittlauch, Petersilie
Kerbel oder Basilikum

Die Zutaten alle zusammen in die Küchenmaschine geben und mixen.

Oder die Kräuter erst kleinschneiden und mit den übrigen Zutaten mit dem Pürierstab fein pürieren.

 15 Min. *3 bis 5 DM*

Katrin Bergmann ▪ Köln ▪ zwei Kinder – 18 und 15 Jahre

Hefebutter

Alles kräftig mit der Gabel vermischen.

Elke Andersen ▪ Münstereifel ▪ Mitarbeiterin im Kinderschutzbund
(von Hefebutter bis Quarkbrötchen)

125 g weiche Butter
3 El Hefeflocken
1–2 El Sojasoße
1 Prise Salz
Petersilie, Schnittlauch, Dill

Erdnußbutter

Erdnüsse mahlen und alles zusammen vermischen.

250 g Erdnüsse geschält
50 g Honig
50 g zerlassene Butter

»Schleckweg« mit Quarkbrötchen

Bei gemahlenen Nüssen etwas Sahne zugeben. Alles verühren.
Dazu selbstgebackene Quarkbrötchen:
  Teigzutaten gut vermischen, Brötchen formen (ca. 14–16 Stück)
und bei 200° 20–30 Min. backen. Die Kinder machen dabei gerne
mit.

4 El Nußmus oder gemahlene Nüsse
2 El Blütenhonig
2 El weiche Butter
1 El Kakao

Teig:
500 g Weizenmehl
500 g Quark
2 Eier
1 Tl Salz
2 Tl Backpulver

127

Frischkäse-Dattelaufstrich

Datteln entsteinen, pürieren. Das Mus mit dem Frischkäse
verrühren.

 10 Min  *4 DM*

Gerta van Oost ▪ Dormagen ▪ Tante von sechs Neffen, höchst wählerische
Esser

1 Pk Datteln
1 Pk Frischkäse

»*Schokonetta*«

100 g weiche Pflanzenmargarine
100 g Cashewkerne
(Bruch ist preiswerter!)
1 El Kakao
1 El Sanddorn
1 El Honig
1 El Vanillepulver

Margarine cremig rühren, Cashewkerne sehr fein mahlen und untermischen. Mit den übrigen Zutaten zu einer geschmeidigen Masse verrühren. In ein Schraubglas füllen und im Kühlschrank aufbewahren (ca. 14 Tage haltbar).

 5 Min.   2,50 DM

Gerta van Oost ▪ Dormagen ▪ erfahrene Tante und Ernährungsberaterin

Eibutter

128

100 g Butter, 1 hartgekochtes Ei
1 Bd Schnittlauch
Saft einer gepreßten Zitrone
1 Prise Salz

Zutaten mit einer Gabel vermischen.

▪ **Tip**

Erwärmt eine hervorragende Soße zu Spargel oder Pellkartoffeln.

 10 Min. 2,50 DM

Hefeaufstrich

1–2 kleine Zwiebeln oder
Frühlingszwiebeln
1 Würfel Hefe
$\frac{1}{4}$ l Gemüsebrühe
1 Tl Majoran
2–3 El Grieß
Öl

Zwiebel fein hacken, in Öl andünsten. Hefe hineinbröseln und mit Brühe angießen. Die Hefe darin auflösen. Zum Kochen bringen, Grieß und Majoran einstreuen. Den Herd abschalten und die Masse unter Rühren ausquellen lassen. In ein feuerfestes Glas oder Schälchen füllen. Der Aufstrich hält sich mehrere Tage im Kühlschrank.

 5 Min. 1 DM

Grüne Knoblauchcreme

Kartoffeln durch die Presse drücken und mit allen Zutaten vermischen. Auf warmes Baguette, Schwarzbrot oder Nußbrot streichen.

 15 Min. 2,50 DM

250 g gekochte mehlige Kartoffeln
2 El weiche Butter
100 g Blattspinat (Tk oder frisch, kurz blanchiert)
Knoblauchzehen nach Geschmack
Salz, Pfeffer
3 El Olivenöl, Zitronensaft
100 g Frischkäse oder Sahnequark

Ketchup Spezial

Tomaten überbrühen, abziehen, kleinschneiden. Zwiebel würfeln. Mit Essig, Zucker, Salz, Paprikapulver, Pfeffer, Nelkenpulver und Muskat 20 Min. köcheln. Im Mixer oder mit dem Stab pürieren, heiß in Gläser füllen, sofort verschließen und 4 Wochen ziehen lassen. Gemeinsam mit der Mayonnaise unten: die klassische Rot-Weiß-Kombination.

 35 Min. 5 DM

1 kg Tomaten
150 g Zwiebel
100 ml Weinessig
50 g Zucker, 1 TL Salz
Paprikapulver (mild), Pfeffer
1 Msp Nelkenpulver
1 Prise Muskat

129

Mayonnaise

Die Zutaten in einen schmalen Becher geben, mit dem Pürierstab am Boden des Bechers ansetzen und einmal hochziehen.
    Will man es weniger fett, Joghurt unterrühren.

 5 Min. 1,60 DM

Katrin Bergmann ▪ Köln ▪ zwei Kinder – 18 und 15 Jahre alt

1 Ei
1/4 l Öl
1 Knoblauchzehe
Salz, Pfeffer
1 TL Senf

Der prominente Studiogast

Dorle Marx ▪ MdB, Kinderbeauftragte der SPD-Bundestags-fraktion ▪ Das Lieblingsrezept der älteren Tochter Merle, 6 Jahre

Frankfurter Grüne Soße
(4 – 6 Portionen)

1 kg Magerquark
4 El Mayonnaise
1 El Senf
1 Knoblauchzehe
1/2 Salatgurke
Saft einer Zitrone
Salz, Pfeffer
7 Kräuter: je ein Bd (Schnittlauch, Petersilie, Dill, Borretsch, Pimpernelle, Kerbel, Sauerampfer ersatzweise auch Zitronenmelisse; vielerorts gibt es sie auch als »Grüne-Soße-Paket«)

Quark – evtl. mit etwas Mineralwasser – glattrühren. Die Kräuter waschen und zerkleinern. Knoblauchzehe pressen, Salatgurke reiben. Alle Zutaten zusammenrühren. Dazu Pellkartoffeln und hartgekochte Eier servieren.

Die grüne Soße taugt auch als Beilage zu Fisch oder geschmortem Fleisch. Dann kann man sie mit Joghurt oder Sahne (statt Quark) auch dünner zubereiten.

Reste schmecken gut auf dunklem Brot. Noch grüner wird die Soße, wenn frischer roher Spinat kleingehackt hinzukommt – dann muß die Soße aber noch am selben Tag verbraucht werden, da der rohe Spinat sonst braun wird.

 20 Min. *8 DM*

Nachspeisen und süße Schleckerchen

Kinder sind Schleckermäulchen, sie lieben Süßes! (Darin unterscheiden sie sich eigentlich nicht von den Erwachsenen!) Was liegt da näher, als kleine Naschereien bewußt in den Wochenspeiseplan einzubauen, den Heißhunger auf Schokoriegel und Milchschnitten mit eigenen süßen Verführungen zu besänftigen und dabei noch eine beachtliche Portion an Vitaminen unterzubringen?

Das einfachste Grundrezept für ein Kinderdessert

Gesüßter Quark oder Joghurt mit kleingeschnittenem oder püriertem Obst. Sehr beliebt ist auch frisch gepreßter Orangensaft und pürierte Banane im Quark, abgeschmeckt mit einer Prise Zimt.

Alternativen

- Quark/Joghurt mit gemahlenen Mandeln, Nüssen oder Kokosflocken.
- Pürierte Pflaumen mit einer Zimtstange oder Zimtpulver etwas einkochen, mit Honig oder Zucker nachsüßen und mit einer Kugel Vanilleeis und Walnußstückchen servieren. Man kann nach dem Abkühlen auch etwas geschlagene Sahne untermischen. Am besten schmeckt es mit frischen Pflaumen. Nimmt man eingekochte aus dem Glas, muß nicht mehr gesüßt werden.
- Pürierte Pfirsiche mit etwas Honig, Zitronensaft und Walnüssen vermischen.

▪ Tip

Nicht nur optisch verfeinern kann man Nachspeisen mit karamelisierten Nuß-, Mandel- oder Sesamkrümeln, Schokoraspeln oder gerösteten Kokosflocken, die kurz vor dem Servieren über die Süßspeise gestreut werden.

▪ Resteverwertung

Auch übriggebliebene Polenta vom Vortag läßt sich gut zu einem süßen Nachtisch verarbeiten: Etwas Milch, Zucker und Zimt unterrühren und aufwärmen. Auf ein Backblech streichen, bei 200° ca. 20–30 Min. backen. Mit einfachen Plätzchenformen ausstechen, auf einem Teller anrichten und mit Puderzucker bestäuben. Dazu ein Obstkompott.

Apfelküchlein

(2 Portionen)

150 g Äpfel
150 g Vollkornmehl
2 Eier
1 Prise Salz
1 El Zucker oder Honig
1 Prise Zimt
$^1/_8 – ^1/_4$ l Milch
Kokosfett zum Ausbacken

Äpfel schälen und auf einer Reibe raspeln. Alle Zutaten außer der Milch unterrühren. Anschließend soviel Milch hinzufügen bis ein Teig entsteht, der aber nicht vom Löffel tropfen darf. Aus dem Teig Plätzchen formen und am besten mit Kokosfett von beiden Seiten ausbacken.

 25 Min.   2,50 DM

Daniela Kott ▪ Plaukstadt ▪ 20 Monate alte Tochter ▪ Das Rezept stammt von der Großmutter

132

Omas Apfelpudding
(4 Portionen)

Alle Zutaten in einen hohen Topf geben, mit einem Schneebesen aufschlagen und langsam erhitzen. Einmal kräftig aufkochen lassen. Das ist es schon.

Der Pudding kann auch mit anderem Fruchtsaft zubereitet werden, die Zuckermenge hängt vom jeweiligen Geschmack ab.

Der Pudding schmeckt lauwarm genauso gut wie kalt und mit flüssiger Sahne genauso gut wie mit Vanillesoße oder Schlagsahne.

³/₄ l Apfelsaft
1 Pk Vanillepuddingpulver
1 Ei
1 El Zucker
1 Prise Salz

 10 Min.   2,50 DM

Petra Giel ▪ Köln ▪ kinderloser Single

133

Apfelreis
(4 Portionen)

Wasser aufkochen und die geschälten und in Stücke geschnittenen Äpfel zugeben. Mit einer Prise Salz und der Zitronenschale nochmals aufkochen. Reis zufügen und auf kleiner Flamme ausquellen lassen. Nach Geschmack kann man Rosinen mitkochen. Den Reis mit Zucker oder Ahornsirup abschmecken und mit etwas gebräunter Butter servieren. Alternativ: Süße geschlagene Sahne unterheben.

250 g Äpfel
³/₄ l Wasser
1 Stück ungespritzte Zitronenschale
250 g Reis
1 Prise Salz
Butter nach Geschmack

 30 Min.   2 DM

Ungesüßt eignet sich Apfelreis bestens als Beilage zu Fleisch und wird dann zusammen mit gedünsteten Zwiebelstückchen angerichtet.

▪ **Tip**

Joghurt mit Pumpernickel
(4 Portionen)

3 Scheiben Pumpernickel
50 g Schokoladenraspel
2 Becher Joghurt
1 Pk Vanillezucker
125 ml Sahne
Beerenobst

Pumpernickel zwischen den Händen zerbröseln und in eine Glasschüssel geben. Mit Schokoraspeln vermischen. Joghurt mit Vanillezucker verrühren, steifgeschlagene Sahne unterheben und auf die Pumpernickelkrümel füllen. Darauf frisches oder Tk-Beerenobst.

 20 Min. 3 DM

Milchreis mit Obst
(4 Portionen)

1 l Milch
250 g Rundkornreis
1 Scheibe ungespritzte Zitrone
2 Äpfel, 1 Banane
Zimt

Die Milch mit der Zitrone aufkochen, Reis einstreuen und auf kleinster Flamme unter gelegentlichem Rühren ausquellen lassen. Dazu geriebene Äpfel mit etwas Banane und Zimt reichen. Es schmeckt zwar auch ohne Zucker, man kann aber auf Kinderwunsch etwas nachsüßen. Als Variante kann man auch 80 g Kokosflocken und Vanillemark mitkochen.

 45 Min. 4 DM

Petra Schwenk ▪ zweijähriger Sohn

134

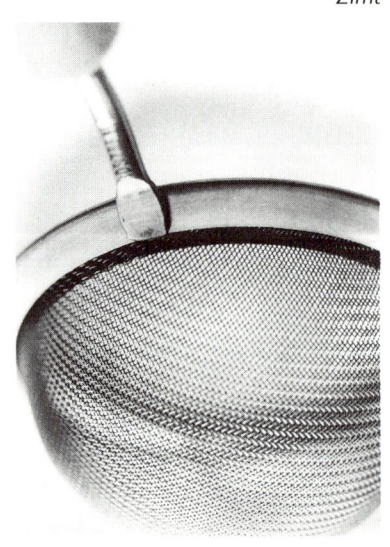

Tiramisu für Groß und Klein
(4–6 Portionen)

Auflaufform mit den Löffelbiskuits auslegen und mit einem Backpinsel mit Malzkaffee bestreichen. Aus Frischkäse, Quark, Schmand, Honig, Zitronensaft und Eigelb eine Creme rühren. Die Hälfte auf den Löffelbiskuits verteilen. Mit etwas Kakao bestäuben. Darauf die Amarettini verteilen, wieder mit Kaffee bestreichen und die restliche Creme darauf verteilen. Mit Kakao bestäuben und mehrere Stunden, am besten über Nacht, im Kühlschrank durchziehen lassen. Vor dem Servieren nochmals mit Kakao bestäuben.

   Zum Reinknien! Nicht nur für die Kids!

200 g Frischkäse
250 g Quark
2 El Schmand
3 El Honig
Saft einer Zitrone
2 Eigelb
ca. 100 g Löffelbiskuits
150 g Amarettini
1/2 Ts kalter Caro-Kaffee oder Malzkaffee
dunkler Kakao zum Bestäuben

 30 Min.    7 DM

Jutta Meven ▪ Aachen ▪ alleinerziehende Mutter eines 7 1/2 jährigen Sohnes

Tiramisu für die ganz Kleinen
(4 Portionen)

Löffelbiskuits mit Orangensaft tränken. Mascarpone mit dem Inhalt der Obstgläschen und dem Puderzucker zu einer homogenen Masse vermischen. Die Biskuits in einer flachen Schüssel anrichten, mit Mascarpone-Masse bedecken, eine Lage Biskuits darüberlegen, die restliche Masse darauf verteilen, glattstreichen.

   Im Kühlschrank 2–3 Std. ruhen lassen. Vor dem Servieren mit Kakao überpudern.

200 g Löffelbiskuits
1/2 l Orangensaft
250 g Mascarpone
1 Babygläschen Banane
1 Babygläschen Aprikose
2 El Puderzucker

 20 Min.    7 DM

Kerstin Thiele ▪ Butzbach ▪ Die ehemalige Erzieherin kocht jetzt für die eigene zweijährige Tochter

Obstspieße
(4–5 Stück)

1 Banane
1 Orange oder Mandarine
1 Kiwi, 1 Apfel
evtl. Weintrauben, Erdbeeren etc.
(je nach Saison und was die
Kinder mögen)
Partyspieße oder einfache Holzspieße

Banane, Orange und Kiwi schälen. Apfel, Banane und Kiwi in Stücke schneiden, Orange teilen. Abwechselnd die Obststücke auf die Partyspieße stecken.

Nachträglich kann man die Spieße in Kokosraspel wenden oder mit etwas zerlassener Kouvertüre bestreichen.

■ Variante

Als herzhafte Variante können kleine Miniwürstchen oder Käsewürfel und statt Obst Gemüse verwendet werden.

Diana Strebelow ▪ Treuen ▪ sechsjähriger Sohn

136

»Schleckerchen«
(ca. 40 Stück)

500 g fein gemahlenes
Weizenvollkornmehl
200 g grob gemahlene
Sonnenblumenkerne
200 g kernige Haferflocken
450 g Apfelmus
300 g passierte Banane
120 g Apfel, mit Schale gerieben
100 g Butter (Sauerrahmbutter)

Belag:
30 g Haferflocken
30 g Sonnenblumenkerne
20 g Butterflocken

Alle Zutaten miteinander vermengen, das Backblech gut einfetten und den Teig auf dem Blech glattstreichen. Die Haferflocken und Sonnenblumenkerne für den Belag auf den Teig drücken, Butterflöckchen daraufgeben und bei 180–190° 35–40 Min. backen. Nach dem Backen in ca. 40 Stücke schneiden.

Besonders geeignet für Allergiker.

 60 Min.   7 DM

Britta Kinder ▪ Seevetal

Quarkpuffer mit Kirsch-Bananensoße
(4 Portionen)

Quark mit Eiern, Flocken, Salz und Zucker cremig rühren, kurz quellen lassen. Inzwischen 3 El Kirschsaft mit der Stärke anrühren. Übrigen Saft zum Kochen bringen, Stärkebrei zugeben, einmal aufkochen. Die Banane schälen und in Scheiben schneiden, mit den Kirschen in der Soße heiß werden lassen. In einer Pfanne etwas Butterschmalz erhitzen, mit einem Eßlöffel Teigportionen ins Fett setzen, flachdrücken und auf beiden Seiten goldbraun backen. Mit Puderzucker und Fruchtsoße servieren.

500 g Magerquark
3 Eier
170 g Hafer- oder Hirseflocken
1 Prise Salz
2 El Zucker
1 Glas Sauerkirschen
1 Tl Speisestärke
2 Bananen
Butterschmalz zum Ausbacken
Puderzucker zum Bestreuen

 40 Min.   *5,50 DM*

Ina Reiß ▪ Kriedberg

Rote Grütze mit Sago und Saft
(6 Portionen)

Saft zum Kochen bringen, Sago hineinstreuen und auf kleinster Flamme unter gelegentlichem Rühren ausquellen lassen (die Sagokörner müssen glasig sein).

Mit flüssiger Sahne, Eis oder Vanillesoße servieren.

Man kann auch Beeren (frisch oder tiefgekühlt) untermischen.

Am besten bereitet man die Rote Grütze am Abend vorher zu, da sie auskühlen muß.

1 l Kirschsaft
Zucker nach Geschmack
120 g Sago (Tapioka)

 20 Min.   *3 DM*

Der prominente Studiogast

**Renan Demirkan ▪ Schauspielerin und Schriftstellerin
▪ eine Tochter**

Wenn ihre kleine Tochter süße Gelüste äußert (oder auch in Krisensituationen), kocht Renan Demirkan am liebsten einen mit Vanille und etwas Zucker gesüßten simplen Grießbrei. Zur Beruhigung ihres »Gesundgewissens« besteht sie dann aber auf einer frischen Obstbeilage.

Feste und kleine Ferkeleien

Auf den Hochglanzfotos in Elternzeitschriften und Ratgebern sind Kindergeburtstage immer perfekt: die Mutter strahlend und makellos im Getümmel, kein bißchen verschwitzt, die Kinder bester Laune, lustig verkleidet, die Spiele phantasievoll und das Wetter meistens schön. Aber können nicht auch Sie von ganz anderen Erlebnissen berichten? Vor Aufregung hat das Geburtstagskind kaum geschlafen und ist ganz quengelig, die ausgedachten Spiele funktionieren bei den kleinen Gästen nicht so richtig, und im Eifer des Gefechts geht das nagelneue Spielzeug gleich kaputt und die Tränen fließen.

Der Jahreshöhepunkt Ihres Kindes verläuft selten so perfekt wie erwartet und geplant. Aber gerade an die nicht so gelungenen Feste wird man sich erinnern. Und die Kinder? Jedes Jahr aufs neue fiebern sie wochenlang ihrem Geburtstag entgegen, planen Spiele, werfen mehrmals die Gästeliste um, weil nach einem Streit die beste Freundin von gestern heute eine blöde Kuh ist, basteln Dekorationen und malen Einladungskarten. Und jedes Jahr aufs neue wünschen sie sich für ihren besonderen Tag auch ein besonderes Essen.

Naturgemäß ist die Auswahl des Kinderbuffets sehr witterungs- und jahreszeitenabhängig. Wenn die Temperaturen und die Umstände es erlauben, daß sich draußen am Lagerfeuer kindliche Zündelfreude ausleben kann, bieten sich Stockbrote (Hefeteig, s. S. 143), Maiskolben, Spieße und Würstchen zum Grillen an. Bei winterlichen Temperaturen hingegen, wenn die Wohnung zum wilden Jagd- und Spielrevier mutiert, wird man die erhitzten Gemüter mit dem vorweihnachtlich-zimtigen Duft von Bratäpfeln zu befrieden versuchen. Und selbstverständlich finden sich im Wunschrepertoire der Kinder immer wieder Pizza, Pommes und Hackfleischbällchen.

Die folgenden Rezepte unserer Zuschauer sind jahreszeitenunabhängig und werden auch bei vielen anderen Anlässen gut ankommen. Natürlich findet sich darunter auch Sündiges, das im alltäglichen Speiseplan seltener zu finden sein wird.

■ **Tip** Ein Partytip von Daniela Roos aus Pulheim: Neben der Rohkostplatte mit einem Kräuterquark-Dip stehen Cräcker, Salzstangen und Chips zum Dippen.

140

Bananenkuchen

Die Butter mit dem Zucker verrühren. Eier, Banane und Sahne einrühren, anschließend Mehl und Backpulver, bis der Teig glatt ist. In eine gefettete Kastenform füllen und bei 180° ca. 40 Min. backen.

 60 Min.   4,50 DM

Vesna Cerit ▪ Hamburg ▪ zwei Kinder – 2 Jahre und 5 Monate

125 g Butter
150 g Zucker
2 Eier
1 pürierte Banane
120 ml Sahne (oder Milch)
500 g Mehl
1 Pk Backpulver

Käsekuchen

Butter, Eier, Zucker, Vanillezucker und Salz schaumig schlagen. In einer anderen Schüssel Quark, Grieß und Puddingpulver verrühren. Die Eimasse dazugeben. In eine gefettete und mit Grieß ausgestreute Springform geben und bei 180° ca. 1 Std. backen. Man kann den Käsekuchen je nach Anlaß und Geschmacksvorlieben mit Kerzen, Kakaopulver, Gummibärchen, Lakritzschnecken, Schokolinsen etc. verzieren.

 75 Min.   4,50 DM

Katrin Bergmann ▪ Köln ▪ zwei Kinder – 18 und 15 Jahre

4 Eier
125 g weiche Butter
250 g Zucker
1 Pk Vanillezucker
1 Prise Salz

Getrennt zubereiten:
500 g Quark
3 El Grieß
1 Pk Puddingpulver Vanille

141

Dänischer Apfelkuchen

Der Kuchen wird in einer Schüssel zubereitet. Man beginnt mit einer Schicht Apfelmus, dann folgt eine Schicht geschlagene Sahne, darauf eine Schicht Kekse, dann wieder eine Schicht Apfelmus usw. Genießen solange die Kekse noch hart sind (schmeckt aber auch, wenn sie aufgeweicht sind!).

 20 Min.   4,50 DM

Irmela Hannover ▪ Köln ▪ drei Kinder – 14, 8 und 3 Jahre

$^1/_4$ l Sahne
1 Glas Apfelmus
1 Pk Vollkornbutterkekse

Pfannkuchentorte

250 g Magerquark
3 El Joghurt natur
2 Tl Zucker
1 Tl Vanillezucker
4 Eier
1 Prise Salz
6 geh. El Mehl
Milch
Ahornsirup
Apfelmus

Quark und Joghurt mit 1 Tl Zucker und 1 Tl Vanillezucker cremig rühren. Aus Eiern, $1/2$ Tl Zucker, einer Prise Salz, dem Mehl und einem guten Schuß Milch einen dünnen Pfannkuchenteig rühren. In einer kleinen beschichteten Pfanne mindestens 10 dünne Pfannkuchen backen.

Auf einem großen Teller setzt man die Torte wie folgt zusammen: Den ersten und zweiten Pfannkuchen mit Ahornsirup bestreichen. Den dritten mit Apfelmus, weiter im Wechsel Quark, Ahornsirup und Apfelmus. Den Pfannkuchenstapel bestreicht man abschließend kuppelförmig mit dem Rest Quark. Verziert wird die Torte mit Schokostreuseln und Apfelstücken.

 4,50 DM

Daniela Roos ▪ Pulheim ▪ zwei Töchter – 2 und 6 Jahre

Apfelbrot

1 kg Äpfel
100 g Honig
500 g Mehl
1 Pk Backpulver
1 El Kakao
Zimt, Lebkuchengewürz
200 g Mandeln
200 g Rosinen
geriebene Zitronenschale
(ungespritzt)

Äpfel schälen, kleinschneiden und mit dem Honig mischen, über Nacht stehenlassen. Aus den restlichen Zutaten einen Teig rühren, Äpfel untermengen und in einer Kastenform bei 170° ca. 1 Std. backen.

 90 Min.  8,50 DM

Elke Andersen ▪ Bad Münstereifel ▪ Mitarbeiterin im Kinderschutzbund

142

Zimtwecken »Bullerbü«

(ca. 15 Stück)

Teigzutaten verkneten, zudecken und 20–30 Min. gehen lassen.

Für die Füllung die Butter schmelzen, mit Zucker, Vanillezucker und Zimt verrühren.

Den Teig in 3 Teile schneiden. Jedes Stück zu einem Rechteck ausrollen und mit der Füllung bestreichen. Die Rechtecke von der Längsseite her aufrollen, in Scheiben von 4 cm Dicke schneiden. Mit der Schnittseite auf ein gefettetes Blech setzen. Nochmals einige Minuten gehen lassen, mit einem verquirlten Ei bestreichen und im vorgeheizten Ofen 5–8 Min. bei 220° backen.

 60 Min.   3,50 DM

Hertha Henke ▪ Göttingen ▪ Lieblingsrezept der Enkel

Statt Kardamon 150 g gehackte und geröstete Mandeln und 125 g Rosinen unter den Hefeteig mischen, den Teig dritteln und 3 Rollen formen. Einen Zopf flechten und bei 200° 1 Std. backen.

Teig:
500 g Mehl
25 g Hefe
¼ l lauwarme Milch
½ Tl Salz
75 g Zucker
1 Tl Kardamon (gemahlen)
75 g Butter (in Flöckchen)

Füllung:
40 g Butter
50 g Zucker
1 Pk Vanillezucker
1 El Zimt
1 Ei

143

▪ Variante

Power-Riegel

(1 Blech)

5 Eier
100 g Honig
1 Tl Zimt
1 Vanillestange
100 g Weizenvollkornmehl
200 g Rosinen
Salz
100 g Sonnenblumenkerne
300 g feine Haferflocken
100 g gehackte Mandeln
100 g gehackte Haselnüsse
150 g Butter
100 g brauner Zucker

Eier und Honig schaumig rühren. Vanillemark, Zimt und Mehl einrühren. Sonnenblumenkerne, Haferflocken, Mandeln und Haselnüsse in der Butter leicht anrösten. Zucker dazu und kurz mitrösten. Abkühlen lassen und mit dem Salz und den Rosinen unter die Teigmasse mischen.

Die Masse auf ein leicht gefettetes Backblech streichen und bei 180° etwa 20 Min. backen. Sofort in Rechtecke schneiden und diese auf einem Kuchengitter erkalten lassen.

 60 Min.   11 DM

Heinke Huuck ▪ Schülldorf ▪ Hauswirtschaftsleiterin, die auch Projekttage in Schulen zum Thema Ernährung leitet

Wurstspieß

kleingeschnittener Geflügelwurstring
Zwiebelscheiben
Paprikastücke
Gewürzgurken in Scheiben
Toastbrotstücke
Apfelstücke
Salamischeiben
Holzspieße

Die Kinder können sich selbst aussuchen, was auf den eigenen Spieß kommt.

Die Spieße werden mit Pfeffer und Salz leicht gewürzt und in der Pfanne gebraten. Dazu gibt es Kartoffelbrei und Ketchup.

Schulkinderhaus »Blitz«, Ludwigsfelde ▪ Helga Kaufmann ▪ 100 Kinder zwischen 6 und 12 Jahren kochen jeden Freitag gemeinsam

144

Gemüsehackfleisch vom Blech

(ca. 10 Portionen)

Brötchen in Wasser einweichen. Champignons putzen und in Scheiben schneiden. Gehackte Zwiebeln und Knoblauch in etwas Butter andünsten, Champignons zufügen und mitdünsten, bis die Flüssigkeit verdampft ist.

Möhren fein würfeln, Lauch in dünne Ringe schneiden. In etwas Wasser 2–3 Min. blanchieren, abgießen.

Hackfleisch mit ausgedrücktem Brötchen, Pilzmischung, Gemüse und Eiern vermischen, mit Salz, Pfeffer und abgeriebener Zitronenschale würzen.

Ein Backblech fetten und Hackfleisch darauf streichen. Bei 220° im Backofen ca. 30 Min. garen.

Joghurt, Käse, Eigelb mischen und mit Muskatnuß abschmecken. Nach 30 Min. das Blech aus dem Backofen holen und die Joghurtmischung auf dem Hackfleisch verteilen. Weitere 10 Min. goldgelb überbacken.

2 alte Brötchen
150 g Champignons
2 Zwiebeln
1–2 Knoblauchzehen
1–2 El Butter
300 g Möhren
2 Stangen Lauch
1 kg Hackfleisch
3 Eier
500 g Joghurt
4 Eigelb
400 g geriebener Käse
geriebene Muskatnuß
1 unbehandelte Zitrone
Salz, Pfeffer

 75 Min. 22 DM

Monika Kascherus ▪ Hünfeld/Sargenzell

»Hippies«

(4–9 Portionen)

Siedewürstchen in Stücke schneiden, scharf anbraten, mit etwas Wasser ablöschen, Ketchup dazu, den Curry unterrühren und alles eindicken lassen, bis es zu blubbern beginnt. Vom Feuer nehmen und heiß servieren! Als Beilage passen Pommes Frites.

4–9 Siedewürstchen
1/2 Flasche Ketchup
3 El Curry
Butter oder Margarine

 20 Min. 6–12 DM

André Schäfer ▪ Bonn

145

Kinderpunsch

1¼ l Wasser
2 Beutel Schwarztee (5 Min.)
2 Beutel Malvetee (10 Min.)
1 Stange Zimt
1 Zitrone (Saft)
1 l Orangensaft
1½ l Traubensaft
Honig nach Geschmack

Tee mit kochendem Wasser aufgießen und mit der Zimtstange ziehen lassen. Dann Teebeutel entfernen und die restlichen Zutaten dazugeben.

Sabine Simon-Untereiner ▪ Stutensee ▪ zwei Töchter – 7 und 3 Jahre

Leckerschmecker-Mix

1 Banane
⅛–¼ l Möhrensaft
½–1 Zitrone (Saft)
3 El Naturjoghurt
3 El Instant-Haferflocken
Vollmilch nach Geschmack
etwas Zucker oder Honig

Alles in den Mixer und vermischen.

Margareta Marschall ▪ Gladbeck ▪ Eine Tochter, 3 ½ Jahre, und ein Tageskind, 4 Jahre

Zaubertrank Mirakulix

½ l Aprikosensaft
2 El Honig
3 El Zitronen- oder Orangensaft
einige Eiswürfel
¼ Mineralwasser

Alles vermischen und genießen.

Iris Eberhard ▪ Armsheim ▪ kocht gern für Nichten und Neffen

Frucht-Eis-Mix

500 g Obst (Erdbeeren, Himbeeren,
Bananen, Pfirsiche oder Kirschen)
1 l Milch
1 Pk Vanilleeis
1 Zitrone (Saft)

Das geputzte Obst, Milch, Eis und Zitronensaft im Mixer pürieren. Eiskalt mit Strohhalm servieren!

Der prominente Studiogast

Marianne Roger ▪ **Schauspielerin** ▪ **Isolde Pavarotti in der »Lindenstraße«**

Hot Dog mit Tofu-Wurst

Die Tofu-Wurst wird gegrillt oder gebraten wie ein Fleischwürstchen, zwischen ein Brötchen gepackt und mit Curry und Ketchup standesgemäß garniert.

Für Kinder, die kein Fleisch mögen oder kein Fleisch essen dürfen.

Rezeptregister

151

152

Gudrun Dalla Via und Enza Bettelli

Food for Fun

Iß Dich glücklich

Morgenmuffel oder Miesepeter? Gestreßt oder schlaflos?
Schlagen Ihnen die Hormone oder das Wetter auf die Stimmung?
Dagegen können Sie einfach und genußvoll etwas tun:
Richtig essen!

Mit den richtigen Nahrungsmitteln zur richtigen Zeit sind Sie in
Topform – jeden Tag. Bewußt ausgewählte Speisen in der richtigen
Atmosphäre lassen Sie energiegeladen, kreativ, gelassen oder
einfach gut gelaunt sein: Obst und Gemüse, Fisch und Fleisch,
Kräuter und Gewürze enthalten bestimmte Nährstoffe, mit denen
man die Laune gezielt beeinflussen kann.

Die Ernährungsexpertin Gudrun Dalla Via und die Menüspezialistin
Enza Bettelli geben Ihnen hier mit zahlreichen Rezepten
die richtigen Tips und Tricks an die Hand, um sich einfach
glücklich zu essen.

vgs verlagsgesellschaft Köln

ÖKO TEST

Die Kleinkinder-Ratgeber

Für einen gesunden Start ins Leben

Mit unseren Ratgebern für die ersten Jahre wollen wir Ihnen helfen, Ihre Kinder auf einem gesunden Weg in die Zukunft zu führen. Unbelastete Nahrungsmittel, giftfreie Kleidung, schadstoffreie Pflegeprodukte sind leider keine Selbstverständlichkeit. Deshalb testen wir seit über 13 Jahren. In unseren umfangreichen Ratgebern finden Sie unser Wissen, unsere Testergebnisse, Tips und hilfreichen Hinweise rund ums Thema Kleinkind.

RATGEBER KLEINKINDER, HEFT 1

Die Themen:
Geburtsvorbereitung, Ernährung, ÖKO-TEST Gläschenkost, Impfungen, Neurodermitis, ÖKO-TEST Muttermilchersatz, ÖKO-TEST Kindermatratzen, ÖKO-TEST Schnuller, Gesundheit, Plötzlicher Kindstod, ÖKO-TEST Babypflegeprodukte, ÖKO-TEST Höschen- und Stoffwindeln, Fahrradanhänger, ÖKO-TEST Schaffelle, ÖKO-TEST Krabbeldecken, ÖKO-TEST Babytees, **und vieles mehr.**

Sie erhalten jetzt beide Ratgeber zum **Sonderpreis** von **24,80 DM incl. Porto.** Einzelheft: jeweils 14,80 plus Porto.

- **Bestelladresse:**
  ÖKO-TEST-Verlag, Leserservice,
  Kasseler Straße 1a, 60486 Frankfurt am Main
- Telefon   (069) 9 77 77 - 0
- Telefax   (069) 9 77 77 - 139
- E-Mail: oet.verlag@oekotest.de
- Internet: http://www.oekotest.de

RATGEBER KLEINKINDER, HEFT 2

Die Themen:
ÖKO-TEST Babysäfte, Erziehung, Ernährung im ersten Jahr, ÖKO-TEST Fingerfarben, ÖKO-TEST Beißringe, ÖKO-TEST Autokindersitze, Sandkisten, Kindermöbel, ÖKO-TEST Kinderwagen, ÖKO-TEST Tragehilfen, Pränatale Diagnostik, ÖKO-TEST Schmerz-/Fiebermittel, ÖKO-TEST Babyphone, ÖKO-TEST Babyschlafsäcke, ÖKO-TEST Stillkissen, ÖKO-TEST Lätzchen **und vieles mehr.**